이별 능력

유쾌하게 헤어지는 22가지 방법

유쾌하게 헤어지는 22가지 방법

이별  능력

요하나 뮐러-에베르트 지음 | 송휘재 옮김

책세상

✳ CONTENTS

제3장 관계와 이별하는 법

제5장 이제 이별하자

들어가는 말

끝냄, 분리, 이별 등과 같은 단어는 뭔가 불편하고 위협적인 느낌을 주며, 무의식적으로 사랑하는 사람, 좋아하는 것을 잃어버릴 것만 같은 생각이 들게 한다. 그래서 사람들은 이런 단어를 애써 피하려고 한다.

혹시 여러분은, 친구와 헤어지거나 휴가지에서 만난 좋은 사람들과 헤어질 때, 혹은 낯선 곳으로 이사할 때 쓸쓸해지거나 마음이 불편해지지 않는가. 연휴에 부모님께 가는 대신 애인과 여행을 가겠다고 부모님께 말씀드리기 어려워서 전화를 미루고 있지는 않은가. '아니요'라는 말을 못해서, 아무도 하지 않으려 하는 일을 매번 떠맡고 있지는 않은가? 사표를 낼 용기가 없어서 어쩔 수 없이 회사를 계속 다니고 있지는 않은가. 친구, 애인(배우자), 이웃, 직장상사 등과 거리를 두거나 아예 그 관계를 끊어야 할 때, 매번 똑같은 어려움을 겪고 있지는 않은가.

이제부터 우리는 털어버리거나 끊을 수 없다고 생각되는 성가신 이별들에 대해 터놓고 이야기해볼 것이다. 금연, 공과금 납부, 안 쓰는 물건 정리와 같은 작은 이별에서부터, 이사, 전직, 퇴직, 이혼 등의 좀 더 큰 이별까지. 사람들은 흔히 자기가 고민할 필요 없이 동화 속의 요정이 나타나 이 성가신 이별을 대신 처리해주기를 바란다. 하지만 요정은 없으며, 빠르게 변화하고 있는 현대 사회에서 우리는 매일같이 일, 습관, 환경, 인간관계 등의 작은 이별들을 극복해내야 한다.

평생 함께하고 싶었던 사랑하는 사람과의 이별, 친한 친구의 이유 없는 결별 선언, 직장을 잃는 것 등과 같은 이별은 말로 표현할 수 없을 만큼 괴롭다. 그렇기 때문에 사람들은 꼭 이별을 해야 할 때도 가능한 한 뒤로 미루고 대충 넘기거나 부인하거나, 아니면 그냥 잊어버리려고 한다. 견딜 수 없는 상황이라면 그냥 간단히 끝내버리는 것이 더 쉬운 해결책이라는 생각을 하지 못하는 것이다. 그것은 결과에 대한 두려움 때문이기도 하지만 이별하는 연습이 부족했기 때문이다.

애착을 가졌던 무언가와 관계를 끝내거나 이별을 하는 방법을 우리는 어린 시절부터 배워왔다. 이렇게 어린 시절에 습득되어 무의식적으로 습관이 되어버린 이별 방법들은 성인이 되어 일상생활이나 직장 생활에서 위기를 맞을 때 다시 수면 위로 떠오른다. 과도한 스트레스를 받는 상황에서 사람들은 무의식적으로 자기 내부에 고착되어 있는 방법을 사용하기 때문이다. 그러나 이런 옛 방법들로는 현재의 '위기'를 극복할 수 없다. 예전의 방법에 집착하게 되면 현재의 위기에 융통성 있게 대처할 수 없기 때문이다.

이렇게 되면 사람들은 그 상황에 맞는 해결 방법을 찾지 못하고 계속 비슷한 어려움에 처하게 된다. 오래되어서 이제 더 이상 효과가 없는 이별 방법들을 계속 적용하고, 잘 되지 않으면 운명 탓으로 돌리거나 자신이 불운한 희생자라고 생각하기도 한다. 예를 들어, 새로운 직장에서 예전 직장의 근로 상황과 환경에 맞는 습관과 태도를 고수하는 사람이 있다. 그러면서 '아, 예전 회사의 사장이 나랑 훨씬 잘 맞았는데……. 여기서는 아무도 나를 좋아하지 않아' 하고 옛날을 그리워한다. 그리고 지금 직장에서 자신이 뭔가 부당한 대우를 받고 있다고 느끼는 것이다. 이런 태도는 현재의 위기(새 직장에 적응하는 것)에 전혀 도움이 되지 않는다.

그러므로 자신의 '끝내기 습관들'을 자세히 관찰해서 잘못되었다면 바꿔야 한다. 이렇게 이별 능력을 향상시켜 일상에서 불가피하게 맞게 되는 크고 작은 이별들을 잘 수행하게 되면, 일상의 행복들도 다시 찾을 수 있을 것이다.

심리치료사이자 상담사인 나에게 분리와 이별이라는 주제는 늘 다양한 모습으로 나타난다. 다양한 사람들과의 상담을 통해, 특히 오랫동안 지속된 상담 치료가 끝날 때의 특별한 반응을 보면서, 사람이나 일, 또는 습관과 이별하는 데 어려움을 겪고 있는 사람들이 적지 않다는 것을 알게 되었다. 그리고 이별이라는 주제가 상담 치료뿐만 아니라 일상생활에서도 유익할 수 있으리라는 사실을 알게 되었다. 대부분의 사람들이 무엇과의 이별을 의식적으로 준비하고 확실하게 이별한 다음 새로운 것을 시작하기보다는, 그냥 중지해버리거나 슬쩍 피해버리고 심지어는 이별에서 달아나버린다는 사실을 알아낸 것이다.

　하지만 이별이 항상 괴로운 것은 아니다. 이별은 때때로 자유와 모험에 대한 희망과도 결부된다. 특히 압박감을 느끼는 관계나 생활, 마음에 들지 않는 직장을 뒤로 할 때 그렇다. 일상에서 벗어나 여행을 한 후 창조적인 힘을 얻고 나면 오랫동안 잊고 있었던 소망이 다시 꿈틀거린다. 여러분은 천편일률적인 지금의 생활과는 '완전히 다른' 일을 해보고 싶다는 소망을 품었던 적이 있을 것이다. 그래서 긴 휴식을 갖거나, 심지어 회사를 그만두고 1년 이상 유학을 하거나 세계 여행을 하기도 한다. 이처럼 무엇인가와 확실하게 이별함으로써 새로운 시작을 맞이할 수 있는 것이다.

이 책은 여러분이 매일 크고 작은 일들과 이별하고 끝내는 데 도움을 주려 한다. 과거의 이별 트라우마를 극복하고 '이별'이라는 괴물에 당당히 맞섬으로써 이별이 주는 공포에서 벗어나보자. 다른 사람들이 어떤 이별을 극복했는지 보여주는 이 책의 이야기들이 도움이 될 것이다.

이별에 대한 공포, 즉 분리 불안을 이해하기 위해서는 심리학의 애착 이론과 분리 이론을 개관하는 것이 도움이 된다. 그래서 이 책의 1장에서는 끝냄, 분리, 이별 등이 애착의 유형과 어떤 연관이 있는지, 그리고 이런 애착이 어떻게 생성되는지 설명했다. 이 이론들은 이 책 2, 3, 4장에서 소개하는 여러 이야기들의 구체적인 지침이 될 것이다. 또한 2장에서 4장까지의 이야기들, 즉 물건, 습관, 사랑, 가족, 직업 등과의 이별 사례를 통해 여러분 자신의 이별 유형을 발견하고, 어떻게 이별할지 참고로 할 수 있을 것이다. 그리고 각각의 이별 사례에 곁들어진 해결 방법들을 시험해볼 수도 있을 것이다. 마지막으로 5장에서 자신이 어떤 이별 유형을 가지고 있는지 테스트해보고 자신에게 맞는 이별 방법을 찾을 수 있을 것이다.

이 책은 크고 작은 이별을 할 때 어려움을 겪고 있으며, 그런 자신을 변화시키고 싶어 하는 사람들을 위한 것이다. 그리하여 애착과 이별이 함께 작용한다는 관점에서 일상의 경험을 관찰하

고 자신의 이별 전략을 검사해볼 수 있게 함으로써, 여러분의 이
별 능력을 향상시키게 해줄 것이다.

Chapter One

왜 이별하지 못할까

"변화가 필요해" 하고 자작나무가 말했다.
그리고 여명 속에 길을 나섰다.

힐데가르트 크네프

part 1 ## 시작의 또 다른 이름, 이별

모든 생명은 세포분열을 통해 탄생된다.

원자들은 새로운 결합을 위해 분열한다.

항성계는 은하계로 나뉜다.

생물학적으로 아이의 출생은 어머니에게서 떨어져 나가는 것이다.

인간이나 동물의 성장 과정은 벗어나는 것이다.

자궁이라는 보호된 세계에서 저절로 분리되어 나온 아이들은

출생 후에는 스스로 분리의 과정을 습득해야 한다.

　이처럼 분리는 자연계의 보편 법칙이다. 그러나 우리의 일상 생활이나 문학과 영화 등에서 볼 수 있듯이, 우리는 분리보다는 애착에 더 몰두하고 있는 듯하다. 그러나 행복한 삶을 위해서는 분리 역시 중요하다. 분리는 에너지론적으로 볼 때 긍정적이든

부정적이든 애착과 긴장 관계를 만들어낸다. 애착 없이는 분리도 없고, 분리 없이는 애착도 있을 수 없다.

이러한 애착과 분리의 유형은 일찍 형성된다. 아이는 태어나자마자 어머니와의 일차적인 관계에서 애착과 분리를 배운다. 어머니가 잠깐 자리를 비웠을 때 아기의 반응과 어머니가 다시 돌아왔을 때의 반응으로 이를 잘 알 수 있다. 이처럼 아이는 어머니를 비롯한 가족들과의 애착 내지 분리 체험을 토대로, 훗날 애착이나 분리의 태도에 영향을 주는 '관계 형성을 위한 내적 작동 모델'을 가지게 된다. 그러므로 애착과 분리의 과정을 배우기 시작할 때의 긍정적인 경험은 타인에게 긍정적인 기대를 갖게 해주고, 그 반대로 부정적인 경험은 부정적인 기대를 조장해서 이별의 순간마다 매달리고 우는 등 좋지 못한 분리의 태도가 나타날 수 있다. 이는 가족뿐만 아니라 친구, 교사, 애인(배우자), 직장동료 등과의 관계 형성에도 영향을 미친다.

예를 들어 아이가 날아가는 새를 보고 호기심에 쫓아가느라 어머니에게서 벗어났다고 하자. 잠시 후 호기심이 충족된 아이는 다시 어머니에게 돌아오게 되는데, 이렇게 어머니에게서 벗어났다가 돌아오면서 아이들은 첫 번째 이별 능력을 습득한다. 이때 문제가 되는 것은 어머니의 반응이다. 아이를 사랑스럽게 맞이하며 안아주는 어머니가 있는 반면에, 다른 사람과 이야기하느라 아이가 갔다 온 것을 알아채지 못하는 어머니도 있다. 또는 아이가 고집을 부리고 달아났다고 생각해 돌아온 아이를 거절하거나 벌을 주는 어머니도 있다. 사랑스럽게 맞이해주는 등, 어머니와 분리되었다가 갈등 없이 안전하게 되돌아올 수 있었던 아이는 다른 사람과 관계를 맺을 때에도 두려움 없이 새로운 상황을 접할 용기를 갖게 되어, 성인이 되어서도 애착과 분리의 과정에 쉽게 대처할 수 있다. 그러나 그 과정에서 보호받지 못했던 아이들은 훗날 애착과 분리의 과정에서 장애를 겪을 수도 있다.

아이가 어머니에게서 잠시 떨어질 때 이별의 인사말이라든지 손을 흔들어 전송하는 등 유대감의 표시를 하는 것은 아이의 이별 능력을 키우는 데 도움이 된다. 또한 팔을 벌려 아이를 맞이해주거나 아이를 향해 달려가는 등의 행위로 아이가 어머니에게 돌아올 때 생길 수 있는 불안이나 죄의식을 줄여주는 것도 좋다. 이러한 비언어적인 이별 동작들은 나중에 성인이 되어 겪는 이별의 의례에도 자주 나타난다. 여행을 떠나는 사람을 오랫동안 손을 흔들며 전송하는 식으로.

이렇듯 우리는 가족과의 관계에서 서서히 애착과 이별을 배운다. 뿐만 아니라 인생의 어느 순간에는 부모와 가족에게 종속되어 있던 것을 끊음으로써 이별을 배우기도 한다. 어떤 사람들은 이때 형성된 이별의 유형을 평생 가지고 있기도 한다. 하지만 그것들은 단지 얼마 동안만 효과가 있을 뿐이다. 습관이라는 것은 오래되면 시대에 뒤떨어지기 마련이다. 따라서 복잡한 성인의 삶에서는 그렇게 오래된 어린 시절의 습관들이 오히려 장애가 되는 경우도 있다.

무의식적으로 오래된 습관을 사용하는 현상은 학교나 직장처럼 오랫동안 지속적으로 관계를 맺고 있는 일상의 다양한 곳에서 여러 형태로 나타난다. 이러한 지속적인 관계 속에서는 어쩔 수 없이 자기 가족에게서 물려받은 애착과 이별에 관한 과거의 전형이 자주 반복된다. 하지만 사람들은 그것을 인식하지 못하기 때문에 매일 마치 '하늘에서 떨어진 것'처럼 서로 이해하지 못하고 갈등이 생기는 것이다.

우리 사회는 벗어나고 끝내고 이별하는 것과 관계된 것을 무시하거나 부인하고, 아니면 그냥 피하려고만 한다. 곧 닥쳐올 이별을 완전히 무시하거나 그냥 슬쩍 모른 체하기도 하고 아니면 형식적으로 대처한다. 헤어질 때 상황에 맞은 인사를 하기보다는 '또 봐요', '전화해요' 등과 같은 형식적인 말을 한다. 그런 말들로 자신과 상대방에게 계속 관계를 유지하고 있음을 암시하는 것이다. 전 세계 거의 모든 언어의 이별 인사에는 다시 만나기를 바라는 말이 들어 있다. '다음에 봐요', 'see you later' 등의 인사 말들은 관계가 지속되고 있으니 안심하라고 보증해주는 것으로 이해될 수 있으며, 또한 앞에서 보았듯이 아이의 분리 체험을 위해서 꼭 필요한 것이기도 하다.

인간관계에서 반복적으로 비슷한 어려움을 겪고 있다면, 과거의 발달 단계에서 해결하지 못했던 애착과 분리의 전형이 계속 영향을 끼치고 있는 것일 수 있다. 배신한 여자 친구나 애정 없는 남자 친구 때문에 괴로워하는 사람, 혐오스러운 직장 상사나 질투하는 동료들 때문에 스트레스를 받으면서 자신이 오해받거나 이용당한다는 느낌을 받는 사람, 또는 어느 누구도 자신에게 귀 기울이지 않는다고 생각하며 만성적인 무기력감이나 열등감으로 괴로워하는 사람은 모두 이에 해당될 수 있다.

이러한 경우에는 자신의 가족력에 비슷한 상황이 있는지 살펴보는 것이 중요하다. 해결되지 못한 부모와의 갈등, 형제간의 경쟁, 지나친 부담감, 자존심의 문제 등 과거에 있었던 일들이 자신도 모르는 사이에 반복되고 있을 수 있다. 아직까지도 그것들에서 벗어나지 못한 경우가 많기 때문이다.

빈틈이 있는 원을 상상해보자. 틈이 있으므로 원이라고 할 수 없지만 여러분은 그것을 무의식적으로 원으로 인지한다. 즉 마음속으로 여러분은 그 원의 부족한 부분을 보충하고 그럼으로써 '좋은 형태'로 만들어내는 것이다.

이를 심리 과정에 옮겨서 말하자면 우리는 계속해서 '그 빈틈'에 주목하기 마련이다. 그래서 새로운 것을 시작하기 위해서 그 빈틈을 메우려고 노력하는 것이다. 하지만 그 빈틈을 메우는 수단과 방법을 놓치거나 잊어버리는 경우가 많다. 그렇기 때문에 빈틈은 계속 부담스러운 상태로 남아 있는 것이다.

예를 들어서 세무신고를 해야 한다든지, 불편한 전화를 해야 하는 것과 같이 중요한 일을 계속해서 미룬다면 어떨지 생각해보자. 달갑지 않은 일을 남겨두었다는 자책감이 이제부터 만끽하려는 즐거움과 뒤섞여 있는 한 마음의 여유를 가질 수 없을 것이다. 무언가 중요한 것을 미루어본 경험이 있는 사람들은 그런 마음을 잘 이해할 수 있을 것이다.

미루기

해결하지 못한 상태로 오랫동안 남겨둔 것들은 우리가 현재 겪고 있는 갈등에 부적절하게 대응하는 불가해한 태도로 슬며시 나타난다. 특히 이별과 관련해서 과거의 '완성되지 못한 형태' 또는 '해결하지 못한 상황'은 그 사람의 앞길을 막을 수도 있다.

아이의 태도 형성 과정에서 분리와 이탈을 충분히 경험하게 하지 못했다면, 나중에도 계속해서 이 문제에 대한 주의가 요구된다. 성장과 발달 대신 정체와 퇴보가 나타날 수도 있다.

part 2 이별도 관리해야 한다

이별은 어느 정도는 의식적으로, 어느 정도는 무의식적으로 일어
난다. 사람들이 일과 대상들에게서 의식적으로든 무의식적으
든 자신을 분리하듯이, 사람과 사람의 관계에서도 동일한 일이
일어날 수 있다.

친한 친구와의 관계가 경솔하게 깨진 경우는, 우정도 관리해
야 한다는 사실을 생각하지 못하고 소홀히 다루었기 때문이다.
그러나 우정과 달리 업무에 관련된 것이라면 우리는 아주 용의주
도해진다. 저녁에 직장 동료들과 한 잔 마시러 가는 경우는 많으
면서도 애인(또는 배우자)이나 친구들을 위해서는 자신의 다이
어리에 약속 시간을 써넣을 만큼 관심을 기울이지 않는다. '지금
은 안 된다'거나 '할 일이 너무 많다'는 이유로, 아니면 지금이
가장 바쁠 때라거나 만날 기분이 아니라는 핑계로 계속해서 약속

을 미루는 것이다. 이런 태도가 지속될 경우 상대방은 자신이 거절당하고 있다는 느낌을 받게 되어 나중에는 아예 연락조차 하지 않는 경우가 있다는 사실을 많은 사람들이 모르고 있다. 그렇게 되면 결국 언젠가는 상대방에 의해서 관계가 끝나는 괴로운 상황에 처한다.

한편, 사람들은 의식적으로 관계를 끝내기도 한다. 이와 같은 의식적인 이별을 나는 '이탈'이라고 부른다. 이탈의 순간 사람들은 상대방에게 '시간이 없다'고 말하거나 이전에 함께 해왔던 활동들을 그만두기 위한 핑계거리를 찾는다. 아니면 그냥 전화를 걸지 않거나 받지 않는다. 이처럼 상대방이 처음에는 눈치 채지 못할 만큼 은밀하고 일방적으로 진행되는 이별 뒤에는 말 못할 상심이나 권태 또는 단순히 새로운 사람을 만나고 싶은 마음이 숨어 있다.

그런데 기존의 관계를 완전히 포기하지 않고도 새로운 사람들을 만날 수 있다는 사실을 알지 못하는 사람들이 많다. 과거의 '친한 친구'를 '그냥 아는 사이'로 바꾸기만 해도 충분한데 말이다. 가끔씩 전화를 하거나 맥주를 한 잔 마신다든지 하는 식으로, 전보다 자주 만나지는 않더라도 계속 사교 범위 안에 두는 것이다.

이렇게 상대방이 눈치 채지 못하게 서서히 일어나는 이별도 있지만 돌발적으로 일어나는 이별도 있다. 그러면 그 상황은 마치 눈사태나 산사태와 같이 기습을 당한 것처럼 다가온다. 뜻하지 않게 기존의 것들이 흔들리고 대부분의 경우 미리 준비하지 못한 채 어떻게든 대응하느라 허둥거리기 바쁘다. 반면에 준비된 이별은 자신에게 중요했거나 아직도 중요하게 생각하고 있는 것과 모두 작별을 할 수 있도록 대비하고 시간을 가질 수 있도록 해준다.

마렌은 이별을 준비함으로써 새로운 인생을 펼쳐나갈 수 있었다. 새로운 사람들과 만나는 것을 좋아했던 그녀는 광고 에이전시에서 성취감을 얻었고, 직장에서도 매우 좋은 평을 받았다. 그러던 중에 남자 친구와 결혼을 하고 곧 임신을 하게 되었다. 그러나 임신의 기쁨도 잠시, 임신 기간 중 그녀는 계속 원인 모를 불쾌감과 짜증에 시달렸다. 무엇 때문일까? 단순히 임신으로 인한 호르몬 때문은 아니었다. 긴장되는 회의와 매일 매일의 업무가 더 이상 견디기 힘들었다. 그러면서 그녀는 아이가 태어나면 자신의 삶이 완전히 달라질 것이라는 사실을 서서히 깨닫게 되었다. 처음에는 인정하고 싶지 않았다. 일을 하지 않으면 친구들도 자신을 알아주지 않을 것이고, 자신의 가치를 찾을 수 없을 것만 같았다. 임신 기간 내내 까닭 없이 기분이 나빴던 것도 바로 이 이유 때문이었다.

이렇게 원인을 찾게 되면서 그녀는 주변을 정리해야겠다는 결심을 하게 되었다. 그러고는 자신이 꾸린 새 가정에 더 이상 중요하지 않은 옛 사진들과 편지들을 골라냈다. 친구들에게도 자신의 걱정거리를 이야기해주고, 자신이 이제 새로운 삶을 시작하게 될 것이라는 사실도 알려주었다.

"친구들은 물론 내 삶에서 중요한 역할을 하지만, 이제 내가 다른 삶을 향해 가기 때문에 혼자 살았던 예전과는 작별을 해야 한다는 사실을 친구들이 알아주기를 바랐어요."

그녀는 이와 같은 의식적인 이별로 훌륭한 통과의례를 치룬 것이었다. 그녀는 또한 남편과 함께 두 사람을 위한 작은 이별 여행(아이가 태어나면 셋이 되므로)을 다녀왔으며, 그런 다음 편안하게 직장을 그만둘 수 있었다. 그 사이에 그녀의 불쾌감은 새로운 상황에 대한 기대감으로 바뀌었다.

이처럼 관계된 사람들 모두가 알고 있는 공개적이고 직접적인 이별과 공개적으로 '아니요'라고 말하는 것이 두려운 나머지 간접적이고 비밀스럽게 이루어진 이별은 그 결과에서 엄청난 차이를 보여준다. 그런데 이 '아니요'의 상황에서 강하게 거부하는 태도를 보여서 평화적으로 헤어질 수 있는 상황을 적대적인 분위기로 만들면 안 된다. 부탁이나 제안을 하는 형식으로 작은 거절을 해도 될 것을, 극단적으로 거부하는 태도를 보임으로써 인간 관계를 갑작스럽게 악화시키는 경우가 생길 수 있기 때문이다.

그래서 우리는 직접적으로 이별을 말하기보다 간접적이고 비밀스러운 표현을 사용하기를 좋아한다. 예를 들면 '몰래 가버리

다', '사라지다', '슬쩍 떠나다', '관계를 없어지게 하다' 등이
다. 이런 표현들은 이별 과정이 서서히 진행되어서 그 과정이 끝
나고 이미 오래 전에 종적을 감춘 뒤에야 비로소 깨닫게 된다.

원래는 군대 용어였는데 반갑지 않게 물러서는 것을 표현하는
표현도 있다. '도주하다'는 의무를 다하지 않고 달아나는 것을
말한다. 잠수하다, 없어지다, 내버리다 등은 이별이 비공개적이
고 음험하게 행해질 때 쓰는 말이다.

이별의 말

직접적이든 간접적이든 이별의 말을 하는 사람은 애착도 가지고 있는 사람이
다. 이별의 말을 한다는 것은 애착의 정도를 의식해서 이별의 정도를 미리 생
각했다는 것을 증명하기 때문이다. 그런 사람은 이별을 쉽게 맞이할 수 있고,
더 의식적으로 이별 계획을 세울 수도 있다.

part 3   **이별은 의식적인 놓아주기**

작별하는 바로 그 순간에만 이별이 의식적으로 실행되는 것은 아니다. 대부분의 경우 이별은 훨씬 더 일찍 시작된다. 이별에 대해서 생각하기 시작하면서 사람들은 지금 이별하는 것이 옳은지를 신중하게 헤아리며, 이별하기에 적당한 시점을 정하려고 노력하고, 이별 후의 불확실한 미래에 대해서 약간은 불안을 느끼기도 한다. 그래서 망설이게 되고 동시에 어느 정도 초조해한다. 이것이 바로 이별 과정에 접어든 순간이다. 그렇지만 이는 임박한 이별의 시작에 불과하다.

화학 원소들이 결합하고 분리되기 위해서는 적당한 온도, 습도 같은 여러 조건들이 필요하다. 원소들은 서로를 받아들일 상태가 되어 있어야 하고, 하나의 목표를 가지고 있어야 하며, 분리된 원소들로부터 물과 같은 새로운 것이 생길 수 있을 만큼 결합가가 서로 맞아야 한다.

인간의 영역에서도 무엇인가가 깨지고 찢어지고 경직되고 폭발하지 않으려면 변화에 대해 열려 있어야 한다. 가장 이상적인 조건은 긍정적이고 감성적인 이해가 가능한 환경이 주어져 있고, 객관적인 조건 면에서나 호의 면에서 양쪽 모두 이별하려는 마음을 가지고 있을 때이다. 물론 이때 양쪽 모두 상대방을 이해하려는 마음을 가지고 있어야 한다. 그렇지 않으면 이별의 순간에 갑자기 나타나는 자기비판과 내적 의구심이 이별하고 새롭게 시작하려는 마음을 막아버릴 수도 있기 때문이다.

대부분의 사람들은 마음속에 자신이 옳지 않다고 생각하는 것의 목록을 갖고 있다. 나는 그것을 '자기비판 CD'라고 부른다. 자기비판 CD의 첫 번째 목록은 자기비하다. 그걸 하기에 나는 너무 늙었고 머리가 나쁘며, 약하고 서투르며, 재능이 없어. 나는 옳지 않아, 나는 아무것도 할 수 없어 등.

두 번째 목록은 무엇을 해야 하고 무엇을 해서는 안 되는지에 대한 계명과 규범을 담고 있다. 화를 내서는 안 돼, 자제해, 너는 그럴 권리가 없어, 너 자신만을 생각해서는 안 돼, 더 노력해, 너는 최선을 다하지 않았어…….

우리는 어린 시절부터 이러한 자기비판 CD의 목록들을 어른들, 특히 부모나 교사들에게서 들어왔으며 그것들이 옳은지 확인하지도 않았다. 오히려 우리는 그 신념들을 유용한 것으로 여기

고, 자라오면서 그것들을 우리 자신의 일부가 된 것처럼 공고히
했다. 그 사이에 오늘날 우리가 무의식적으로 따라가고 있는 내
적 규칙들이 우리 자신에게서 나온 것이 아니라는 사실과 그 규
칙들이 지금의 생활환경에는 거의 맞지 않는다는 사실을 전혀 의
식하지 못하게 되었다.

예를 들어 모든 일에 성급하게 화부터 내는 아버지가 있었다
고 하자. 아마도 어릴 때는 아버지께 이의를 제기하지 않고 자신
의 의견을 고수하지 않는 것이 최선이었을 것이다. 그런데, 문제
는 '네 생각을 얘기해서는 안 돼. 조심해' 라는 당시의 상황에는
맞았던 전략이 어른이 된 지금도 자동적으로 나오는 태도가 되
어버렸다는 것이다. 그래서 여자 친구나 직장 동료, 사장 앞에서
도 아버지 앞에서처럼 행동한다. 즉 그들과 의견이 다를 때 입을
다무는 것이다. 엄격했던 아버지에 대한 두려움과 조심성이 무
의식적으로 현재의 행동에 영향을 주고 있는 것이다. 불확실한
상황에서는 그것이 의지할 만한 것이 되기 때문이다. 하지만 이
는 새로운 시작에 장애가 될 뿐이다. 동료에게 다른 의견을 개진
하는 대신, 말하자면 분명하게 경계를 긋는 대신에 습관적으로
예전처럼 소심해져서 무의적으로 관계를 위험에 빠트리게 될 수
도 있다.

한편, 늘 한목소리로 모든 것을 함께해야만 했던 가족에서 성
장한 사람이 홀로서기를 시작하려는 경우, '너 자신만 생각해서

는 안 돼'와 같은 자기비판 CD가 장애로 작용할 수 있다. 홀로서기란 이제부터는 매주 부모님을 찾아뵙지 않는다든지, 부모님께 매일 전화를 드리지 않고 일주일에 한 번만 한다는 것을 뜻할 수 있다. 이러한 이별을 시도할 때에는 항상 어머니의 비난이 수반되는데, 이와 함께 마음속의 자기비판 CD가 작동되기 마련이다.

자기비판과 이와 연관된 열등감 때문에 우리는 벗어던져야 마땅한 행동의 전형에서 쉽게 벗어나지 못한다. 이것들은 바이러스와 같아서 의도적으로 거리를 두려할 때마다 나타나서 교란시키거나 그 일을 못하게 막는다. 그럼으로써 자기비판은 갈수록 심해지고 악순환이 시작되는 것이다.

자율적인 삶을 계획하고 홀로서기의 발걸음을 내딛을 때는 누구나 불안감을 가진다. 그렇기 때문에 우리는 망설임이라는 작전을 구사해버린다. 나중에 해도 되지 않을까, 언젠가 적당한 시기가 올 거야, 아직 너무 일러, 지금은 적당한 때가 아니야, 지금 나는 너무 많은 마음의 상처를 받았어, 나중에 연락할게. 이처럼 뒤로 미루는 것은 불안을 감소시키고 새로운 것에 대한 두려움도 경감시켜주며, 홀로서기를 향해 발걸음을 내딛을 때 생기는 '분리의 죄책감'에서도 보호해준다.

오늘날 자기계발, 개인의 성장에 관한 책들이 호황을 맞고 있다. 그 책들은 하나같이 직업적 성공, 정리와 체계화, 완전한 사랑 및 그 밖의 온갖 '새로운 규칙들'을 제시한다. 그 새로운 규칙들은 하나같이 정복하기 어려운 메커니즘을 가지고 있으며, 이 규칙들을 충실하게 따르면 모든 것이 잘될 거라고 기대하게 만든다. 그래서 사람들은 저절로 '진작 이렇게 했어야 했는데, 나는 너무 어리석어' 등과 같은 생각을 하게 된다. 마치 예전부터 알고 있어야 했던 것처럼 말이다. 게다가 이 새로운 규칙들을 '아주 간단하게' 적용하는 데 어려움을 느끼면, 그 행동을 그만두는 것이 아니라 오히려 자기비판 CD를 작동시킨다. 해내지 못할 줄 알았어. 내가 못할 거라는 것을 이제 분명히 알게 되었어. 이 문장은 우리에게 너무나 익숙한 말이다.

part 4 **이별에는 무엇이 필요할까**

이별이라는 주제로 다시 돌아가자. 화학 실험실에서 분자 용해 과정을 위한 최적의 조건을 계획하고 준비하는 것처럼 인간관계에서도 이런 과정이 필요하다. 이별을 피할 수 없다면, 이별을 준비하는 것 외에 다른 방법이 없다면, 조금이라도 쉽게 하기 위해 적당한 시점을 선택하는 것이 좋다. 간단히 말해서, 업무가 적은 날이나 주말이 이별하기에 적당한 때일 수 있다.

이별 시점뿐만 아니라 의식적으로 이별을 준비하는 데는 몇 가지 요소가 필요하다. 그 요소들은 아래와 같다.

• 이별 또는 끝내기가 마음을 불편하게 하겠지만, 그렇다고 해서 피할 수 없다는 마음의 확신과 결심.
• 이별을 받아들일 마음가짐.

- 이별하고자 하는 대상에 단단히 묶여 있는 자신을 풀어내는 데 필요한 행동 목록.
- 적극적으로 이별 과정을 시작하고, 적극적으로 이끌어가겠다는 결심과 의지.
- 자신과 상대방을 위해서 이별의 상황을 긍정적으로 만들고 좋은 결과를 가져오게 하는 어느 정도의 창의성과 표현법.

이외에도 성인이 의식적으로 크고 작은 이별을 준비하려면, 수없이 많은 이별의 양상들이 작동될 수 있다.

무언가와 이별하고 싶다고 생각되면, 먼저 지금까지 어떤 요인들이 이별하고 싶은 대상에 애착을 갖게 했는지 고민해보는 것이 좋다. 떼어놓고 싶은 애착들은 어떤 특징을 가지고 있는가? 예를 들어 어머니에게서 정서적으로 독립하고 싶다고 하자. 그러면 먼저 지금까지 무엇이 어머니에게서 정서적으로 독립하는 것을 방해하고 있었는지 생각해보는 것이 좋다. 어머니와 매일 전화를 했던 것, 실연했을 때 어머니가 세심하게 들어주시던 것 등이 나에게 어떤 느낌을 주었는가. 또는 내가 어머니에게 정서적으로나 물질적으로 얽매어 있지는 않은가, 그 애착이 나의 목표와 발전에 아직 도움이 되는가. 어떤 것이 좋았으며, 어떤 것이 나를 방해했는가 등을 생각해보는 것이 좋다.

이런 방식으로 우리는 자신을 구속하는 것, 즉 애착의 '접착

제'를 인식할 수 있으며, 내가 무엇과 이별하려고 하는지, 그것이 정말로 모든 것을 걸 만한 것인지, 아니면 작은 변화만을 실행해서 작은 이별(예를 들어 어머니께 매일 전화를 하지 않고 일주일에 한 번 정도만 하는 것)을 해야 할지 분명히 알 수 있을 것이다.

그러나 어떤 것에서 벗어나기 위해서는 당연히 시간이 필요하다. 그렇기 때문에 그러한 이별의 과정이 얼마나 오래 걸릴지 생각해보는 것이 좋다. 이때 이별하려는 사람과 얼마나 오랫동안 관계를 맺고 있었는지 생각해봐야 한다. 보통 어떤 것과의 이별을 완전히 극복하기까지는 관계를 맺고 있었던 시간의 3분의 1 정도가 걸린다.

물론 애착이 심했을 경우에는, 이별을 극복하는 데 더 많은 시간이 소요된다. 잃어버린 물건이든 다른 도시로 이사를 하는 것이든 친숙했던 역할이나 다소 가까웠던 사람과의 이별이든 모두 마찬가지다. 간혹 그 관계가 아주 오래 지속된 경우, 마치 알을 까고 나오기 위해서 일정 기간 알을 품는 과정이 필요하듯이 새 삶을 시작할 때까지 알을 품는 성숙 과정과 비슷한 것이 필요할 수도 있다.

또한 이별을 성공적으로 진행하기 위해서 새로운 삶에서 자신이 어떤 것을 기대하는지, 그러한 기대가 이루어질 수 있는 것인지 검토해보는 것이 좋다. 이는 실망을 예방하고 미래를 미리 계획해볼 수 있다는 장점이 있다.

이제 여러분에게 다음과 같은 의문이 생길 수 있다. 이별을 준비할 때 이론적으로만 들리는 이 모든 것을 꼭 해야 할까? 그냥 이별하고 싶을 때 이별하면 되지 않을까.

그러나 하고 싶다는 마음만으로는 부족하다. 많은 사람들이 담배를 끊겠다고, 텔레비전 대신에 책을 더 많이 읽겠다고 결심한다. 하지만 많은 이들이 알 수 없는 이유들로 그 결심을 실행에 옮기지 못한다. 여러분이 매년 새해에 하는 결심을 생각해보라. 작심삼일이라는 말도 있듯이, 대부분의 사람들은 그 결심을 실천하지 못한다. 이렇게 결심을 실행에 옮기지 못하는 사람들은 매년 좌절하며 '역시 나는 틀렸어'라는 자기비판 CD를 작동시키고 모든 것은 예전 그대로 남게 된다. 그 결심을 실행하기 위해, 즉 이별하기 위해 의도적으로 중간 중간에 해야 할 작은 결심을 잊어버리기 때문이다.

결심에 이어 구체적인 다음 단계, 즉 편안했던 것이든 불편했던 것이든 기존의 친숙했던 마음 자세에 얽매인 것을 벗어버리는 과정이 뒤따라야 한다. 이때는 다음과 같은 물음들이 도움이 될 수 있다.

- 옛 마음 자세는 나에게 어떤 의미가 있는가.
- 그 마음 자세는 무엇 때문에 나에게 필요했는가.
- 나는 정말로 그것을 포기하고 싶고 또 그럴 수 있는가.

이별에 걸리는 시간

의지를 갖는 것은 이별의 시작 단계에 불과하다. 그에 이은 이별을 위한 행동

단계들은, 이별이 짧고 간결하게 진행되어야 할지, 아니면 보다 긴 시간이 필

요한 것인지 등의 자신만의 계획을 세우는 데 도움이 된다. 무엇보다도 이별에

걸리는 시간은 지나간 과거의 애착의 질과 내용에 달려 있다. 그렇기 때문에

이와 관련해서 다음에서 끊기와 끝내기에 영향을 끼치는 몇 가지 애착의 특징

을 소개하고자 한다. 이별을 계획할 때 늘 이것들을 유념하기 바란다.

part 5 이별을 방해하는 것들

인간의 애착에는 다양한 양상이 있으며 여러 원인에 의해 발생한다. 이 사실을 고려해야만 이별이라는 총체적 예술작품을 신속하게 처리할 수 있으며, 큰 고통 없이 극복할 수 있다. 애착은 우선 물질적 애착, 정서적 애착, 사회적 애착, 생물학적 애착, 심리적 애착 및 자라온 환경적 애착 등으로 나눌 수 있다.

│물질적 애착│ 물질적 애착이란 작은 것에서부터 큰 물건에 이르기까지 온갖 종류의 물건을 소유하고 있는 것을 말한다. 예를 들면 집, 월급, 사회적 지위 등에의 애착이다.

어떤 사람이 어마어마한 돈을 들여서, 또는 온갖 정성을 다해 집을 지었거나 자자손손 대를 이어 보존해온 집을 가지고 있다면, 그 집에 강한 애착을 가질 수밖에 없다. 이외에도 집과 관련

되어 자주 볼 수 있는 애착으로는 지금까지 살아온 집에서 계속 살고 싶어 한다거나, 집을 상속받을지도 모른다는 기대를 가지는 것 등이 있다.

집에 대한 애착은 다른 식으로 나타날 수도 있다. 사춘기에 접어든 청소년들이나 갓 성인이 된 젊은이들은 자신들을 구속하고 있다고 생각하는 부모의 집에서 하루속히 벗어나고 싶어 한다. 그래서 부모의 간섭에서 벗어나 자신들이 원하는 생활을 영위하기 위해, 즉 독립하기 위해 어떻게 돈을 모을지 고민한다. 하지만 이는 그렇게 만만한 것이 아니며 또한 그리 좋은 방법도 못 된다. 홀로서기를 잘 하기 위해서는 금전적 문제의 해결에 앞서 단계적으로 부모의 권위를 정리하는 것이 필요하기 때문이다. 청소년들의 정신 발달과 성숙을 위해서 홀로서기는 당연히 필요하다. 하지만 이렇게 금전적으로만 해결하려고 해서는 안 된다. 청소년기에 함께 잘 살 수 있는 방법을 찾기 위해서 토론하고 갈등을 해소하는 방법을 배우지 못한 사람은 성인이 되어 결혼 생활이나 다른 일에서 일종의 '도피하는 이별'을 이용할지도 모르기 때문이다. 이별의 갈등이 있는 사춘기 시절에 이별 능력을 배우지 못하면 이미 언급했듯이 성인이 되어서 문제가 될 수 있다.

직장인들은 월급에 대한 물질적 애착을 가지고 있다. 이 때문에 좋은 기회가 있어도 신속하게 사직서를 내고 직장을 그만두지 못하는 경우가 많다. 고용인들이 회사 주식의 매입을 통해서 노후를 대비해야만 하기 때문에 싫건 좋건 평생 회사에 매달려 있을 수밖에 없는 경우도 있다. 이런 경우 퇴사하면 큰 재정적 손실을 감당해야 하기 때문에 대부분의 사람들이 사직에 대해서는 생각도 하지 못한다.

그러나 텔레비전 드라마에서는 어떤 사회적 환경을 벗어날 때 물질적 가치를 잃게 될 수도 있지만, 또 다른 가치를 얻을 수도 있다는 사실을 자주 보여준다. 특정한 직업이나 가문의 사람과 결혼하기를 원하는 부모님의 반대를 물리치고 자신의 신념에 따라 사랑하는 사람과 결혼하면서 상속권을 잃게 되는 재벌 2세 이야기를 모르는 사람은 없을 것이다. 과거에는 많은 사람들이 부와 명예보다 자유와 사랑을 행복의 첫 번째 조건으로 꼽았다. 그러나 지금은 어떠한가.

| 정서적, 사회적 애착 |　정서적이고 사회적인 애착은 애인(또는 배우자)이나 가족, 친구 등의 인간관계에 얽매어 있는 것을 말한다. 또한 고향, 도시, 풍경 등에 가지고 있는 애착이나 물건, 애완동물에 가지고 있는 애착도 포함될 수 있다.

일반적으로 사람들은 이런 정서적 영역에서 분리되는 것을 가장 불안해한다. 정서적 영역에서 분리될 경우 갑자기 한 번에 모든 것을 잃거나 포기해야만 한다고 믿기 때문이다. 어느 정도의

변화를 위해서는 인간관계에 있어서 방해가 되거나 효율적이지 못한 작은 부분, 마음가짐 또는 다른 사람들에 대한 기대를 떨쳐 버려야만 한다는 사실을 생각하지 못하는 경우가 많다. 자신이 버림을 받거나 스스로 물러나야만 하는 크고 총체적인 불행을 염려하기 때문이다.

상대에게 마음에 들지 않는 것이 있거나 상대에 대한 이런저런 비현실적인 기대를 끊어야만 할 때, '헤어지자'와 같이 생각 없이 던지는 이별의 협박이나 '싫으면 가버려'와 같은 분노의 대답은 서로에게 깊은 상처를 줄 수 있고, 버림받을지 모른다는 어린 시절의 무의식적 두려움을 생각나게 할 수도 있다. 경솔하게 내뱉은 협박을 상대가 진지하게 받아들이고 실제로 떠나버리는 결과를 가져올지도 모른다. 즉 단순히 상대의 태도를 변화시키기 위해 경솔하게 내뱉은 이별의 협박이 원치 않은 관계의 단절을 초래할 수도 있는 것이다.

내가 사는 동네와 이웃, 직장과 동료들, 학교나 교회 등에 대한 사회적 애착은 나의 인간관계를 알 수 있는 중요한 배경이 된다. 이런 친숙한 애착들을 벗어버리기 위해서는 그로 인해 생길 수 있는 불안감을 당분간 참아내고 새로운 것에 모험을 거는 용기가 필요하다.

가까운 친구나 친지를 잃지는 않을까 하는 불안한 마음은 있다 하더라도 낯선 외국에서 혼자 사는 것을 두려워하지 않고 자기 문화의 생활 리듬이나 습관을 그리워하지 않을 자신이 있다면 외국에서 살아보는 것도 좋다. 가끔 타지에 가보는 것은 사랑을 깨닫는 데 도움이 된다. 자신의 삶에 가장 중요한 것이 무엇인지 알게 되기 때문이다. 유럽이나 미국의 대도시에 있는 이탈리아인이나 중국인, 아랍인들의 게토는 자신들의 윤리적 관습을 유지하려는 욕구를 잘 보여주는 예다. 샌프란시스코, 뉴욕, 파리, 런던 등지의 차이나타운이나 리틀 이탈리아와 같은 거리들은 아시아계나 이탈리아계 이민자들에게 고국의 친숙한 사회적 환경에 둘러싸여 있다는 느낌을 준다.

여러분은 한 번쯤 직업적인 이유 등으로 어쩔 수 없이 이사를 해본 경험이 있을 것이다. 친숙한 사회적 조건들을 포기해야만 하는 것이 얼마나 힘든 것인가를 그때 깨달았을 것이다. 퇴근 후에 단골 레스토랑에서 친구들과 모임을 갖거나 모퉁이에 있는 평범한 카페에서 커피를 마시는 따위의 일상을 포기하는 것 말이다. 또한 새로운 곳에서 친숙한 방법으로 편안하게 살 수 있는 주거 지역을 찾아내는 것이 얼마나 어려운지, 새로운 우정을 맺는 것 또한 얼마나 힘든지 말이다.

| 고향에 대한 애착 | 고향, 태어난 곳, 출신지에 대한 애착의 원인과 발생 과정은 심리학적으로 아직 해명되지 못했다. 사회학자인 한스 페터 드라잇첼Hans-Peter Dreitzel은 이러한

기분을 산지産地, 거주지라는 뜻의 '해비타트Habitat'라고 명명했다. 그는 이 해비타트 의식에는, 예전에 체험했던 공간 및 그 공간과 우리의 기억의 관련성, 그리고 우리의 여러 심리적 습관들이 저장되어 있다고 주장했다.[1] 예를 들어 보덴 호수[2] 근방에서 자란 사람이 성인이 되어 북독일의 저지低地에 살게 된다면, 어릴 때부터 보고 자란 보덴 호수 근방의 산들을 그리워하고 북독일의 방언이 낯설고 심지어는 차갑게까지 느껴질 수 있다. 반대로 북해[3] 근방에서 자란 사람이 보덴 호수 근방에서 살게 된다면, 산의 협곡에 압박감을 느끼고 한없이 드넓은 풍경을 그리워할 것이다. 또한 자신이 태어나고 자란 지역의 음식들도 먹고 싶어질 수 있다.

자기 자신 속에 이러한 해비타트 의식이 있다는 것을 인정하고 때때로 그러한 기분을 '즐기면', 낯선 상황에 적응하기 쉬울 뿐만 아니라 새로운 환경에서 여러 가지 긍정적인 것을 찾아낼 수도 있다. 거주지를 옮기는 '작은 이별'에 도움이 되고 이별의 아픔을 감소시켜주는 데 유용한 문장은 다음과 같다.

"나는 남부 독일 출신이기 때문에 산을 좋아하지만(해비타트 의식), 지금 나는 북부 독일에 살기 때문에 평지나 바다 풍경에

---

1 '형태 치료 이론Theorie der Gestalttherapie'을 위한 세미나(Berlin, 1997).
2 알프스 근방, 즉 독일 남부, 스위스, 오스트리아 사이에 있는 호수―옮긴이.
3 독일 북부와 스칸디나비아 반도 사이에 있는 바다―옮긴이.

친숙해졌어(새로운 동질성)." 물론 이런 감정들이 존재하고 실제로 내게 영향을 끼치고 있다는 사실을 의식하지 못하면, 새로운 환경이나 낯설게 느껴지는 환경에서의 생활에 나쁜 영향을 끼칠 수 있다.

| **생물학적 애착** | 우리 신체의 기능, 자고 깨는 리듬에 대한 생물학적 애착은 우리의 나이와 그와 관련된 기회나 한계를 상기시켜준다.

화장품 회사는 특정 제품으로 외적으로 나타나는 노화의 징후들을 사라지게 할 수 있다고 광고하지만 실제로는 큰 도움이 되지 않는다. 노화는 이미 오스카 와일드Oscar Wilde가 《도리언 그레이의 초상The Picture of Dorian Gray》[4]에서 분명하게 이야기하듯이, 막을 수 없는 현상이다.

대학을 졸업하거나 직업 교육을 마치고 경력을 쌓은 뒤에야 비로소 연애나 결혼을 결심하는 현대의 젊은 여성들은, 갑자기 다가온 '생물학적 시계의 재깍거림'에 놀라게 되고 가족을 이루고 아이를 가질 기회가 시기적으로 얼마 남지 않았음을 알게 된다. 늦었지만 지금이 직장 생활을 계속해야 할지 아니면 아이를

---

4 아일랜드의 시인이자 소설가인 오스카 와일드의 장편 소설. 아름다운 자신의 초상화에 매료된 미모의 청년 도리언 그레이가 초상화의 영원한 젊음과 아름다움을 자신의 영혼과 맞바꾸고 쾌락을 추구하다가 결국에는 추하게 변해 파멸한다는 내용─옮긴이.

갖고 싶은 소망을 좇아서 부분적으로나마 일을 그만두어야 할지 결정해야 할 순간인 것이다. 결혼은 적어도 부부 중 어느 한 쪽에게는 직장 생활을 포기하거나 파트타임으로 만족해야만 하는 작은 이별을 의미한다. 적어도 젊은 가족에게 양육의 부담을 거의 덜어주지 못하는 독일에서는 그렇다. 대개의 경우 젊은 엄마는 일정 기간 동안 예전처럼 풀타임으로 직장 생활을 할 수 없거나 (원치 않을 수도 있다), 육아 휴직 후에 파트타임으로 일하는 것에 만족할 수밖에 없는 실정이다.

또한 우리는 직장을 구할 때, 많은 분야에서 '만 ○○세 미만' 등과 같은 연령 제한을 경험한다. 이와 같은 생물학적 연령 제한이 직장 생활에서 심각하고 중대한 사회적, 정서적 문제를 동반하는 경우도 있다.

물론 실제적으로 나이가 들면서 책임을 감당할 능력의 한계를 느낄 때도 있다. 육체적으로 힘들어지는 것, 예를 들어 계단을 오르기 힘들어진다거나 하는 것 등이다. 사고나 '시간의 파괴력' 으로 인해 제한된 삶을 살아야만 할 때, 앞으로도 '모든 것을 할 수 있어야만 한다' 는 신념과 이별하는 것이 큰 도움이 된다. 그 대신에 작은 이별의 기술을 이용해서 그때그때 자신에게 가능한 것이 무엇인지, 그리고 지금 이 순간에 자신에게 맞는 것은 무엇인지 인식하는 일을 시작해야 한다. 예를 들어 '이제 늙었으니 오토바이를 탈 수 없겠군' 이라고 생각하는 대신 '이제부터 자전거를 타야지'라고 생각하는 것이다.

| 심리학적 애착 |　심리학적 애착은 예전의 경험이나 표본들, 특히 예전의 이별 경험이나 이별로 인한 트라우마를 마음속에 가둬두어 고착화되어 있는 상태이다.

여기에는 복잡한 슬픔의 증상들, 즉 필요 이상으로 길게 지속되는 (그리고 경우에 따라서는 노이로제와 같은) 슬픔의 반응이나 잠재적으로 계속해서 영향을 끼치면서 분리 불안을 갖게 하는 예전에 배운 마음속의 규칙과 내면화도 포함된다.

| 애착은 어떤 의미를 가지는가 |　앞에서 말한 여러 이별 전략들이 실패하는 경우가 있다. 여러 애착들이 때에 따라 특별한 이별 전략을 요구한다는 사실을 생각하지 못하기 때문이다.

물질적 애착에서 벗어나고 싶다면, 사람이나 환경에서 벗어나는 것이 장기적으로 어떤 결과를 가져오고 때에 따라 어떤 대안이 가능할지 생각해야 한다. 이미 잘 알고 있듯이 둘 중 어느 쪽이든 희생 없이 이별할 수 있는 경우는 드물다. 모든 일에는 언제나 대가가 따르기 마련이다.

큰 손실 없이 크고 작은 소유물들에서 자유로워지기 위해서는 적당한 이별 시점을 정하는 것이 중요하다. 정서적인 문제로 제때에 물질적 소유에서 자유로워지지 못했던 사람들의 비극적인 예가 있다. 2005년 여름, 뉴올리언스 홍수 때 많은 사람들은 다가오는 재앙 앞에서 위험한 지역을 떠나지 못하고 너무 오랫동안 망설였다.

어쩌면 여러분도 경험한 적이 있을 것이다. 예를 들면 여러 해 동안 매일같이 타고 다녀서 이제는 탑승자나 환경에도 매우 위험한 상태인 오래된 자동차를 폐차시키고 싶지 않은 것과 같은 경우 말이다. 구식 핸들과 사랑스럽고 희귀한 에어스프링 장치는 무엇으로도 바꿀 수 없기 때문이다.

정서적 애착에서 자유로워지려면, 이별을 주저하며 서서히 감행해야 할지 아니면 즉시 시작해야 할지 결연하게 숙고해야 한다. 약으로 서서히 치료하듯이 야금야금 하는 이별이 어쩌면 더 편하고 훨씬 두려움이 적을 것처럼 생각되기도 한다. 하지만 그것은 시간을 허비하게 할 뿐만 아니라, 많지 않은 기회를 놓치게 만들기도 한다.

상징적인 이별

공개적이고 직접적인 이별이 너무 힘들거나 두렵다면, 자기 자신을 위해서 상

징적으로 이별을 실행하는 것, 예를 들어 남이 모르는 가운데 어떤 사람이나 생

활환경에서 벗어나는 것도 하나의 방법이다. 상대가 준 선물을 가지고 있는 것

이 너무나 마음이 아프고 상대를 기억나게 하기 때문에 그 선물을 돌려주는 것

처럼 말이다.

Chapter Two

집착과 이별하는 법

깨닫고 알고자 한다면
적어도 한동안은 그것과 떨어져 있어야만 한다.

프리드리히 니체

이사가 코앞에 닥쳐서야 자신이 온갖 잡동사니를 모아두었다는 것을 알게 된다. 이삿짐 박스는 구석구석에서 나온 물건들로 넘쳐난다. 적어도 고장 났거나 못 쓰는 것들은 고민할 필요 없이 그냥 버리면 그만이다. 그러나 문제는 아직 '쓸 만하게 보이는' 것들이다.

이런 이야기에는 모두 공감할 것이다. 대부분의 사람들이 이사를 할 때마다 자기도 모르게 여러 해 동안 쓸데없는 것들을 가지고 있었던 사실에 놀라고, 그것들을 정리하고 버리는 데 어마어마한 시간을 소비하고 있기 때문이다.

이런 현상은 오랜 역사를 가지고 있다. 인간의 수집 충동은 석기 시대부터 존재했다. 예전에는 사냥으로 노획한 것이나 숲이나 들판에서 추수한 것만으로는 충분하지 않았기 때문에 비상시를 대비해서 항상 저장을 해야만 했다. 그렇지 않으면 예측할 수 없는 자연의 위력에 무방비 상태로 노출될 수밖에 없었기 때문이다.

그사이 냉장고, 슈퍼마켓, 백화점이 생기고 겨울에도 과일과 야채를 먹을 수 있게 되었다. 그럼에도 불구하고 우리의 유전자는 그에 맞게 변이되지 못한 것 같다. 우리는 계속해서 모으기 때문이다. 어느 집이든 냉장고며 식품 저장실에 몇 주 동안은 시장을 보지 않아도 될 만큼 먹을거리가 가득 차 있다.

더 나아가서 사회학에서는 인간의 이런 수집 성향이 과잉 사회에서 볼 수 있는 상품의 과잉 공급과 관계가 있다고 설명하고 있다. 상품이 과잉 공급되면서 정말로 필요한 것이 무엇인지 알 수 없게 된 것이다. 다람쥐들처럼 추운 겨울을 위해 집안 곳곳에 저장물을 파묻고, 그런 뒤에는 다람쥐들과 마찬가지로 그 노획물을 어디에 숨겼는지 잊어버린다. 그리고 그것들은 비상시기가 지나간 다음에야 비로소 눈에 띈다. 이사할 때처럼.

누구나 서재에 쌓여 있는 책과 서류, 옷장에 쌓여 있는 옷, 종이상자나 비닐봉지, 오래된 가구 또는 아직 쓸 수 있을 것 같은 물건 들로 가득 차 있는 창고를 가지고 있다. 우리는 그 물건들을 언젠가는 사용할 수 있을 거라고 믿고 있다. 하지만 유감스럽게도 그것들은 자리만 차지하고 있을 뿐이다.

이 장에서는 작은 이별과 이별 전략을 통해 쓸데없이 부담만 가중시키는 잡동사니들을 어떻게 버릴 수 있었는지 보여줄 것이다. 여기서 이야기하는 것들이 여러분의 창고 속에 있는 것들과 다르다 할지라도, 여러분은 자신의 습관 중의 많은 부분들을 이 이야기들에서 다시 발견할지 모른다. 그리고 여기서 어떤 해결 방안을 얻을 수 있을 것이다.

part 1 안 된다는 걸 알지만 포기가 안 돼요

카를은 몇 년 전부터 책과 잡지, 신문을 모으고 있다. 그는 월급의 대부분을 그것들을 구입하는 데 쓰고 있고, 그의 집은 잡지와 신문, 그의 전공 도서들과 신간 서적들로 가득 차버렸다. 바쁜 회사 생활로 읽을 시간은 없는데 말이다. 그 사이에 잡지나 신문, 책 들의 일부는 이미 시대에 뒤떨어진 것이 되어버렸다. 그러나 그는 늘 '언젠가 나중에 시간이 나면' 읽을 거라고 말하고 있다.

책과 잡지, 신문 들로 지저분한 방 때문에 그는 여자 친구와 다툼이 잦다. 그의 여자 친구는 먼지만 쌓이는 잡동사니들 때문에, 그리고 그것들을 읽을 시간이 없다고 투덜대는 카를 때문에 화를 낸다. 여자 친구의 잔소리가 심해지면 카를은 그것들을 약간씩 정리하기도 하는데, 이때가 그가 모아둔 책들을 조금이라도 살펴보는 유일한 순간이다.

사실 카를은 남몰래 대학 시절을 아쉬워하고 있었다. 당시에는 새로운 책을 발견할 때마다 감격스러웠는데, 지금은 그렇지 못하다. 대학 시절의 그는 서점이나 헌책방에서 책을 뒤지는 재미로 살았고, 주위 사람들에게 독서를 많이 하는 사람으로 인정받았다. 그리고 사람들이 물어보는 것에 거의 모두 대답할 수 있어서 '박학다식한 사람'으로 통했다. 그는 삼촌이 경탄을 하며 "너는 나중에 위대한 학자가 될 거야"라고 말한 것을 아직도 생생하게 기억하고 있다. 그렇지만 대학을 졸업하고 직장에 얽매어 살기 시작한 이후로 그는 계속 답답했고 끊임없이 시간적으로 압박을 받고 있는 것 같았다. 그런 기분의 배후에는 신문과 잡지 그리고 책의 구입, 읽지 않고 수집·보관, 마음속 비난 그리고 다시 신문과 잡지, 책 구입이라는 악순환이 시작되면서, 참다운 '의무'를 이행하지 못했다는 죄책감으로 괴로워하는 카를이 있다.

| 유쾌하게 헤어지는 방법 1 | 카를은 대학 시절과 마찬가지로 '잡지와 책을 사면 시대에 뒤떨어지지 않는다'고 믿고 있다. 그러나 그런 취미와 독자로서의 '사명'을 수행하기에 직장인인 자신은 시간이 부족하다는 사실을 간과하고 있다. 또한 무의식중에 '언젠가 이걸 모두 읽지 못한다면 나는 무가치한 놈이야'라고 생각하면서 큰 부담을 갖고 있다. 그의 잠재의식 속에서 새로 나온 책을 모두 알고 있는지 여부에 따라

자신의 가치가 결정되는 것이다. 그렇기 때문에 마음속으로 '이 책과 잡지 들을 포기하면 나의 중요한 일부분도 포기하는 것' 이라고 생각하기도 한다.

카를은 삼촌이 예전에 자신에게 말했던 것처럼 부지런한 대학생, 다독하는 학자로서의 자화상에 얽매여 있다. 하지만 직장에서 좋은 평가를 받고 있는 회사원인 카를에게 이러한 옛 자화상은 필요 없는 것이다. 산처럼 쌓여 있는 종이더미에서 벗어날 수 있다면 그것들을 바라볼 때마다 느끼는 죄책감에서도 벗어날 수 있을 것이다. 그는 더 이상 독서의 책임, 학자가 되어야 한다는 책임을 지지 않아도 되기 때문이다. 오래된 종이더미를 버리고 공간을 확보했다면 새로운 활동도 할 수 있었을 것이다. 그리고 지금까지 기분 좋게 보낼 수 있었던 여가 시간을 방해한 것이 무엇이었는지 알 수 있었을 것이다. 그리고 자신이 게으르다고 자아비판하지 않고 그 여가 시간을 즐겼을 것이다. 심지어 자신이 꼭 학자가 될 필요는 없으며, 또한 되고 싶지도 않았다는 것을 깨달았을지도 모른다. 그는 종이더미뿐만 아니라 '나는 학자가 될 거야' 라는 마음속의 옛 자화상과도 작별했어야 했다. 그랬더라면 오늘날 그의 서재에는 공간이 있었을 테고, 여자 친구와 다투지 않아도 되었을 것이다. 그리고 자신뿐만 아니라 여자 친구를 위해서 여가 시간에 무엇을 해야 할지 알았을 것이다.

이처럼 카를의 행동의 원인과 해결 방안을 찾은 다음, 실행에 옮기기 위해서는 친구들과 애인의 적극적인 도움이 필요하다. 어떻게 해야 할까.

- 먼저 불필요한 물건들을 수집하는 것이 주위 사람들에게 이상하게 비친다는 사실을 분명하게 이해시켜야 한다. 그리고 꼭 필요한 정보는 언제든지 인터넷이나 도서관에서 얻을 수 있다고 이야기해준다.

- 수집할 당시 중요했던 것과 지금 중요한 것이 무엇인지 그와 함께 알아내고, 또 그가 자신을 무엇과 동일시하고 있는지 찾아낸다. 그런 그의 자기 정체성이 지금의 일상에서도 가질 수 있는 것인지, 또 그 정체성을 지금도 가지고 싶은지 그와 함께 고민해본다.

- 일정한 기간을 정하고, 그 기간 동안 잡지들(또는 요리책, 여행안내서 등)의 정보가 아직도 유용한지 살펴보고 오래된 것들은 버린다. 분류가 어려울 것 같으면, 산처럼 쌓인 종이더미들을 잠시 보관해둘 수 있는 '임시보관소'를 마련한다. 그리고 시한을 정하고 시한이 경과하면 그것들을 버린다.

- 종이더미들을 공간적으로 분리해냄으로써 자신이 이루지 못한 '지식욕'을 내면적으로도 떨쳐낼 수 있을지 알아본다.

- 이 과정에서 그가 무엇을 느꼈는지 묻는다. 어쩌면 예전의 꿈이 아직 살아 있을 수 있다(나는 학자가 되고 싶었는데). 그와 이 꿈

들에 대해서 말할 준비가 되어 있음을 보여준다. 가장 좋은 것은 그가 말하는 것을 들어주는 것이다. 이때 조언은 하지 않는다!

• 마지막으로 작은 이별의 의례를 치른다. 늘 책을 많이 읽는 대학생(또는 언제나 최신 요리법만을 이용하는 아마추어 요리사, 아니면 세계여행을 꿈꾸는 사람)으로 그를 기억하고 있는 사람들과 작은 파티를 열고, 그런 다음 그와 함께 산같이 쌓인 종이들을 재활용 컨테이너에 버리는 것이다.

part 2　나이 든 내가 싫어요

남편과 함께 좋은 집에서 살고 있는 자비네는 가끔씩 일이 너무 많다는 생각이 들기는 하지만, 좋은 직업을 가지고 있고 예쁜 옷을 차려입는 것을 좋아하는 평범한 중년 여성이다. 그런데 얼마 전부터 자비네는 회사 일로 바빠서 스트레스를 해소할 시간을 갖지 못하고 집안일도 계속 뒤로 미루고만 있다. 마침내 자비네의 옷장에는 구겨진 옷들이 쌓이기 시작했고, 자비네는 이에 가책을 느끼기 시작했다. 하지만 한 번에 모두 해치워버릴 결심은 하지 못하고 저녁마다 늘 다음 날 필요한 옷만을 찾아내어 다림질할 뿐이다. 그래서 가끔 예상치 못하게 외출할 일이 생기면 허둥댈 수밖에 없다. 구겨진 채 쌓여 있는 옷더미에서 당장 입고 나갈 수 있는 옷을 찾기가 쉽지 않기 때문이다. 그럴 때마다 그녀는 산더미처럼 쌓인 구겨진 옷들을 처리하기보다는 자기 자신에게 비난

만 하기 일쑤다. '내가 전업주부가 아니라서 그래.'

　이런 비난의 배후에는 성장 과정에서 부모에게 습득한 엄격한 자기비판의 목소리가 있다. 한번 제대로 즐기려고 할 때마다 아직 끝내지 못한 일이 생각나는 것이다. 그녀도 이것이 잘못된 것이라고 생각한다. 그렇기 때문에 그녀가 변화될 가능성도 없지는 않다. 하지만 '단지 구겨진 옷들 때문에' 자신의 생활 패턴까지 바꿀 필요는 없다고 생각한다. 그녀는 이 문제에 계속 집착하고 싶은 마음이 없다. 시간이 많지 않기 때문이다. 그래서 그녀는 구겨진 옷들뿐만 아니라 이미 인식하고 있는 자신의 문제를 해결하는 일도 미루는 것이다.

　옷이 구겨지지 않도록 잘 보관하면 안 될까?

　"옷장이 가득 차 있어서 다림질을 해서 걸어놓아도 다시 구겨지고 말아요. 그래서 또다시 아무것도 입을 수 없게 되는 거죠. 차라리 옷장 안을 들여다보지 않는 것이 나아요."

　구겨진 옷들이 마치 극복하기 어려운 고통의 문제인 것처럼, 즉 '단지 구겨진 옷들 때문' 만은 아닌 것처럼 들린다.

| 유쾌하게 헤어지는 방법 2 | 누구나, 특히 여성이라면 비슷한 고민을 한 적이 있을 것이다. 오래 전부터 입지 않으며, 제대로 맞지도 않을 뿐만 아니라 유행이 지난 옷들을 계속 가지고 있어야 할지 버려야 할지 하는 고민이다.

최근에는 잡동사니를 치우거나 정리하는 문제를 상담해주는 전문가도 많다. 그들이 쓴 책을 보고 정해진 규칙대로 하면 '아주 쉽게' 이런저런 잡동사니들을 치울 수 있을 것만 같다. 자비네도 시도해보았다. 하지만 아무런 도움도 안 되었다고 하소연한다. 그녀가 왜 옷들을 보관하고 있는지, 그 궁극적인 원인을 알지 못하기 때문이다.

그녀가 버리지 못하는 옷은 대부분 특별한 추억과 관계된 것이다. 그 옷들은 그녀에게 행복했던 과거와 이상화된 아름다운 날들에 대한 그리움을 불러일으킨다. '자유롭고 근심이 없었을 때' 입었던 치마, '남편을 처음 만났을 때' 입었던 블라우스, '이 옷이 언젠가는 맞을지도 몰라. 그때는 정말 날씬했었지' 라는 생각. 물론 그녀는 그 사이에 자신의 몸매와 나이, 그리고 스타일과 유행이 변했고, 지금의 그녀에게 중요한 것이 예전과는 다른 것이라는 사실을 분명히 알고 있다. 그럼에도 불구하고!

그녀의 옛날 옷들은 젊고 행복했던 예전을 기억하고 어떡하든지 늙고 싶지 않은 그녀의 바람을 반영한다. 무의식적으로 옷가지들을 예전의 자신과 동일시하면서 옷장에 쌓아놓은 것이다. 나는 자비네에게 사진이나 파일처럼 기분 좋은 기억은 마음속에 저장해두고, 옷장에 유행에 맞는 새로운 옷들이 들어갈 수 있도록 오래되고 필요 없는 옷들을 버리자고 제안했다. 그러자 그녀는 머뭇거리면서 기억의 저장 장치를 설치하기 시작했다.

오래된 것들은 주거 공간을 좁게 할 뿐만 아니라 여러분의 자유까지도 제한한다. 예를 들어 자비네의 경우, 오래된 옷들로 가득 찬 옷장은 '다림질을 해야 해', '아직도 안 치웠어', '아직도 살을 못 뺐군'과 같은 자기비난을 낳고, 이는 현재의 중요한 순간에 부담을 준다. 간혹 우리는 평계에 불과한 고집스러운 신념 때문에 버리지 못한다. '옷감이 너무 좋으니까 나중에 딸이 입을 수 있을지도 몰라.' '아직 입을 수 있어. 언젠가는 분명히 필요할 때가 있을 거야.' 하지만 여러분의 딸이 촌스럽고 오래된 옷을 입고 싶어 할 것이라고 생각하는가?

만약 여러분이 자비네처럼 오래된 옷으로 가득 찬 옷장과 씨름하게 된다면 어떻게 해야 할까?

- 친구들을 이용한다. 여러분을 잘 알고 있고 여러분보다 더 쉽게 버릴 수 있는 친구와 약속한다.
- 이 옷 저 옷 입어보고 아직 어울리는 것이 있는지, 또 어떤 때 그 옷을 입을 수 있을지 친구에게 묻는다.
- '살을 조금만 빼면 돼. 그러면 다시 맞을 거야'와 같은 비현실적인 생각을 하지 않는다. 어쩔 수 없는 경우 그 옷을 3개월 정도 임시보관소에 넣어둘 수 있다. 그런 다음 바라던 5킬로그램을 감량하지 못했다면 최종적으로 이별을 고한다.
- 친구에게 옷과 관련된 추억을 이야기해준다. 그리고 최종적으로

버리기 전에 그 옷들과 함께 다시 한 번 재미있는 시간을 보낸다.

- 이 과정에서 새로운 생각이 떠오를 수 있다. '이제 나에게는 맞지 않아. 젊었을 때 입었던 이 옷을 입기에 나는 너무 살이 많이 쪘어.' '그 사이에 나는 완전히 다른 사람이 되어버렸어. 이제는 더 이상 그렇게 발랄하지 않아.' 그러고 나면 최종적으로 오래된 옷들과 그것들에 얽매어 있는 생각에서 벗어나야겠다는 결심의 순간이 올 것이다. 그러면 주저하지 않고 의류 수거함이나 벼룩시장으로 가지고 가라.

- 작은 파티나 바자회를 열어서 지인들과 친구들을 초대해 일종의 물물교환이나 선물을 할 수도 있다.

- 골라내 버림으로써 새로운 질문을 할 여유가 생겼을 것이다. 지금 나는 누구인가? 미래의 나의 비전은 무엇인가? 나는 새롭게 어떤 일을 하고 싶은가? 무엇과 새로운 관계를 맺고 싶은가?

이외에도, 옷장에 다시 옷이 늘어나는 것을 방지하기 위해서 새 옷을 구입할 때마다 이미 가지고 있는 옷 중에서 한두 벌을 희생시켜버리기로 결심할 수도 있다. 내게는 맞지 않지만 아직 멀쩡해서 버리기 아깝다면, 지역 단체나 사회복지 단체에서 여러분의 보물을 사용할 수 있도록 기부할 수도 있다.

잡동사니를 치우려는 계획이 두려워지거나 피곤하게 느껴진다면, 그 배후에 감춰진 분리의 저항력이 행패를 부리는 것이 분명하다. 이때는 '치우지 못한다'고 자신을 비난하기보다는 조금 더 가까이 다가가서 그 분리의 저항력을 바라볼 필요가 있다.

수집

특정한 물건들을 지나치게 많이 모아두는 것은 이전의 습관에서 벗어나지 못하기 때문이다. 그러한 수집 행위가 심각한 죄책감이나 열등감과 관련이 있다면 심리 치료를 받는 것이 좋다. 그렇지 않으면 끊임없는 자기비난이나 문제에 대한 하소연과 더불어 최악의 경우, 우울증에 빠지게 될 수도 있다. 그러나 대부분의 사람들은 그 이유를 알지 못한 채 삶의 질을 심각하게 훼손하고 있다.

part 3   그런 걸 할 나이는 지났어요

40대 후반의 라인하르트는 작은 정원이 있는 집에서 가족과 함께 살고 있다. 보통 집과 달리 이 집에는 큼직한 차고가 두 개나 있다. 그런데 차고가 두 개나 있는데도 라인하르트의 자동차는 항상 길에 세워져 있다. 오토바이 광인 라인하르트는 자동차를 위해서가 아니라 오토바이를 위해 차고를 확장했기 때문이다. 그런데 지금 차고는 자동차도, 오토바이도 아닌, 다른 것들로 가득 차있다. 만들기 시작한 요트 모형들, 온갖 종류의 공구들, 가전제품이나 오토바이, 자동차 등의 부속품들, 낡은 오토바이 타이어, 오토바이 재킷이 걸려 있는 옷걸이 등이 그것이다.

그러면 오토바이는 어디로 갔을까. 바로 1층 서재에 라인하르트의 오토바이 두 대가 세워져 있다. 그는 그곳에서 오토바이의 광을 내고 수리하는 데 대부분의 시간을 보낸다. 주말마다 '서

재'로 사라지는 그에게 아내와 딸은 처음에는 화를 냈지만, 이제
는 비웃을 뿐이다. 평일에는 좋은 아버지이자 남편이지만 주말만
되면 오토바이가 있는 곳으로 사라져버리기 때문이다. 게다가 그
는 적어도 10년 동안 오토바이를 타고 달린 적이 없었다. 그럼에
도 불구하고 언제든 타고 나갈 수 있도록 관리만 하고 있는 것이
다.

| 유쾌하게 헤어지는 방법 3 | 딸의 남자 친구인 케빈이 좋은 계기가
되었다. 케빈은 가족들이 비웃는 라
인하르트의 오토바이에 관심을 보이기 시작했다. 그리고 라인하
르트가 예전에는 주말마다 오토바이를 타고 여행을 했으며 모험
을 즐겼다는 이야기에 흥분했다. "하지만 모두 지난 일이야. 가
족이 있는 지금은 그럴 시간이 없어." 라인하르트는 슬프게 말했
다. 라인하르트의 이야기에 흠뻑 빠진 케빈은 향수에 젖은 라인
하르트를 깨어나게 했다. "다시 시작하세요. 인터넷에서 오토바
이 동호회를 같이 찾아봐요. 분명히 아저씨 같은 분들이 있을 거
예요." 케빈은 재치 있게 덧붙였다. "어차피 주말마다 서재에만
계시잖아요."

라인하르트는 깜짝 놀라고 말았다. 지금까지 그런 생각을 한
적이 없었기 때문이었다. 자신을 '늙었다'고 지칭하는 것이 썩
맘에 들지는 않았지만, 심적으로 동의는 하고 있었다. 오토바이

또한 '늙은' 자신에게는 어울리지 않는다고 생각했다. 이런 생각은 딸이 태어나면서부터 시작되었다. 가족을 위해 열심히 일해야 했고, 가족을 위해 오토바이를 타는 모험을 하지 않는 것이 좋다고 생각했다. 당시에 그런 생각을 한 것은 물론 잘못된 일이 아니었다. 하지만 그는 이 결정에 대해서 한 번도 되돌아보지 않은 채 살아왔다. 이에 대한 무의식적인 좌절감 속에서 그는 필요 없게 된 오토바이 차고를 온갖 잡동사니들로 채워놓았던 것이다. 그리고 심지어 오토바이들을 위해서 서재에 명예의 공간까지 만들게 된 것이다.

이제는 더 이상 예전처럼 터프하게 오토바이를 탈 수는 없지만, 케빈 덕택에 과거에 좋아했던 일을 현재의 일상 속에 어느 정도 편입시킬 수 있었다. 실제로 인터넷에 라인하르트 또래의 사람들이 만든 오토바이 동호회가 있었던 것이다. 지금 그는 일요일마다 그들과 함께 오토바이를 탄다. 같은 생각을 가진 사람들과 함께 오토바이를 타는 자유를 느긋하게 즐기는 것이다. 그리고 이는 라인하르트의 생활에 다시 활력을 불어넣고 있다. 그의 반려자인 오토바이들은 드디어 서재가 아닌 차고에 다시 자리를 잡게 되었다. 두 개의 차고 중의 하나를 오토바이들을 위해 깨끗하게 비운 것이다. 불필요했던 잡동사니들이 이때 함께 버려졌다.

과거의 소망

　　라인하르트는 오토바이를 계속 타고 싶다는 욕망을 마음속에 감추어두었다. 한편으로는 가족에 대한 책임감 때문이었지만, 다른 한편으로는 주위 사람들이 한 가족의 아버지가 가질 만한 취미가 아니라고 조롱하지나 않을까 하는 두려움 때문이었다. 그럼에도 불구하고 오토바이는 늘 그의 여가 시간의 중심에 있었다. 과거에 대한, 그리고 그의 소망에 대한 경고로서 오토바이가 어울리지 않게 서재에 있었던 것이다. 라인하르트는 자신의 문제를 해결하기 위해서 오랫동안 과거를 더듬거나 옛날의 전형을 재생시킬 필요가 없었다. 케빈의 관심이 오래 전에 미뤄두었던 소망을 기억나게 해주었고 또한 그 소망을 새로운 방법으로 다시 일깨워주었던 것이다.

이별 능력 키우기 ## 미루는 습관

마음속에 어떠한 규칙을 정하는 것을 내면화라고 부른다. 이는 '해야만 해, 해서는 안 돼'와 같은 계명과 연관되어 있기도 하다. 어린 시절 우리는 이런 계명들로 끝나는 말들을 자주 들었고, 이들 중 많은 부분은 분명히 우리가 안전하게 성장하는 데 도움을 주었다. 예를 들어 '가스레인지에 손을 대지 마라', '위험한 곳에서 놀지 마라' 등과 같은 것 말이다. '숙제를 끝내고 나면 나가 놀아도 돼' 등과 같이 좋은 뜻으로 대가를 약속하는 규칙도 있었다.

그런데 열심히 일하는 것만이 인정받고, 성과를 내거나 드러나게 노력한 것에만 관심을 가지는 사회에서, 좋은 뜻일지라도 대가를 약속하는 규칙에 익숙해진 아이들은 성장해서도 아무 걱정 없이 놀지 못하고 '의미 있는' 일만 하게 된다. '오늘 할 일을 내일로 미루지 마라' 등과 같은 격언은 이와 같은 업적 중심 사상의 내면화를 뒷받침해준다. 그럼으로써 우리는 성인이 되어서도 스트레스를 해소하고 싶은 욕구를 항상 어떤 일을 마치고 난 후로 미루는 등, 일벌레가 되고 마는 것이다. 그렇기 때문에 즐겁게 놀려고 할 때마다 세탁물로 가득 찬 바구니, 산더미 같이 쌓여 있는 책들, 넘쳐나는 지하실 또는 미루어놓은 세무신고 등 해야 할 일이 생각난다. 하지만 직장 생활과 가정생활을 병행하면서 그런 정리 작업까지 하기란 쉽지 않다. 쉬지 않고 쳇바퀴를 돌리고 있는 다람쥐처럼 쳇바퀴에서 내려올 여유가 없기 때문이다.

미루고 망설이는 일이 도움이 되거나 기분 좋게 만들 때도 있다. 식사를 할 때 마지막 숟갈까지 최고로 맛있게 먹을 수 있다면 그 즐거움은 배가될 것이다. 편안한 일을 뒤로 미루는 것은 힘든 일을 견뎌낼 수 있는 동기를 주기도 한다. 연극이나 소설, 영화에서는 긴장을 고조시키고 관객이나 독자의 주목을 끌기 위해서 예술적으로 뒤로 미루거나 주저하는 기법이 사용되기도 한다.

그러나 일상생활에서 뒤로 미루는 습관에는, 예술에서 재미를 상승시키는 것과는 반대로 달갑지 않은 현상들이 수반된다. 꼭 필요한 결정이나 일을 뒤로 미루는 사람은 그렇게 함으로써 스트레스를 받는다. 아니면 필요하든 불필요하든 온갖 것을 수집하거나 극복할 수 없는 갈등을 모으는 사람이 된다. 기한을 지키지 않는 것, 초대를 받았을 때 제때에 오지 않는 것, 회사에 지각하는 것 등도 여기에 포함된다. 이런 태도들은 직장 생활을 힘들게 만들고 초대한 사람이나 친구들에게서 분노와 오해를 살 수 있다. 그리고 이런 행동이 축적됨으로써 무질서한 생활에 빠지게 되어 다른 일에 필요한 에너지를 많이 빼앗기게 된다.

옷, 오래된 잡지 등 자질구레한 물건들을 버리거나 치우고 비효율적인 습관을 바꾸는 등 작은 이별을 할 때, 일시적으로 내적 균형이

혼들릴 수 있다. 갑자기 엄청난 에너지가 소비되는 것처럼 느껴져서 쉬는 시간이 필요하다고 느낄 수도 있다. 또는 새로 얻게 된 자유로 말미암아 불안한 마음이 생길 수도 있고, 처음에는 그 자유가 조금은 공허하게 느껴질 수도 있다. 뒤로 미루는 습관으로 인해, 지금껏 진정으로 원하는 것이나 소망을 명확하게 하지 않았기 때문이다.

내 공간과 마음속을 채우고 있었던 것들이 없어진 지금, 무엇을 해야 할까? 당황하지 말고 자신에게 물어보자.

- 이제 나에게 필요한 것이 무엇이지? 아니면 적어도 오늘 한두 시간 나를 즐겁게 해줄 만한 것이 무엇일까?
- 지금 내가 흥미를 가지고 있는 것이 무엇일까.
- 새로 주어진 시간과 공간을 어떻게 활용할 수 있을까.

part 4　헤어진 그를 정리할 수 없어요

앙겔라는 2년 넘게 슬픔에 잠겨 있다. 2년 전 휴가가 끝난 뒤 4년 동안 함께 살았던 남자 친구가 갑자기 이별을 선언하고 떠난 것이다. 창피함과 분노, 그리고 '차인 여자'라는 오점이 앙겔라를 괴롭혔다. 앙겔라는 친구들도 만나지 않고 집에만 틀어박혔다. 처음에는 친구들도 이해해주었다. 이별의 쇼크로 괴로울 거라 생각했기 때문이었다. 그러나 앙겔라가 집에 틀어박히는 시간이 길어지자 걱정하기 시작했다. 앙겔라는 헤어진 지 2년이 넘은 지금도 헤어진 남자 친구와 함께 살던 집에서 살면서, 집을 치우지도 않은 채 물건들을 사다 재어놓기만 하는 것이다. 특히 남자 친구가 사용하던 물건과 가구 들을 그대로 놔두는 것은 정말로 이해할 수가 없었다. 남자 친구와는 이미 오래 전에 끝났는데!

| **유쾌하게 헤어지는 방법 4** | 앙겔라는 남자 친구에게 '버림을 받은 것은 자기 책임'이라고 확신하고 있다. 자신이 충분히 노력하지 않았다고 생각하기 때문이다. 이런 생각에서 벗어날 때, 그녀는 다시 새로운 관계를 가질 수 있을 것이다.

그런데 그녀가 실연의 슬픔에 집착한 데는 더 깊은 이유가 있었다. 헤어진 지 2년이 되도록 앙겔라는 옛 남자 친구와 함께 살았던 집에서 살면서, 남자 친구의 물건을 정리하지 못했다. 문제는 그것뿐만이 아니었다. 지하실에는 돌아가신 할머니의 가구들이 가득 차 있었다. 할머니는 앙겔라가 어렸을 때부터 바쁜 부모님을 대신해 그녀를 돌보아주셨다. 할머니는 그녀와 가장 친한 사람이었고 질풍과도 같았던 십대 시절에는 그녀의 편이 되어주셨다. 그리고 앙겔라가 부모님 몰래 시도한 일을 뒷받침해주셨고 비밀을 지켜주셨다. 앙겔라는 성장해 독립한 뒤에도 틈만 나면 할머니가 계신 부모님 집으로 갔다. 그녀가 독립한 후에도 어릴 때 쓰던 방은 그대로 남아 있었다. '성스럽기'까지 했던 셀 수 없이 많은 추억 속의 물건들이 서랍과 서가마다 가득 차 있었다. 그러나 할머니가 돌아가신 후에는 그전처럼 부모님 집을 자주 방문하지 않았고, 자신의 방도 잊고 있었다. 그런데 부모님이 집을 개축하면서 앙겔라에게 방을 치워달라고 부탁하셨다.

주말에 부모님 집을 방문해 방을 정리하기 시작했다. 상자를 열 때마다 청소년기를 생각나게 하는 물건들이 나왔다. 할머니가 도와주셨던 그림들, 할머니와 함께 찍은 사진들, 할머니와 함께 이야기 나누었던 사진들……. 모든 것을 정리하고 난 후에야 비로소, 앙겔라는 처음으로 할머니를 잃은 슬픔을 느끼게 되었다. 동시에 십대 시절은 이미 오래전에 지나가버렸다는 것도 알게 되었다. 짐을 모두 정리한 후에 앙겔라는 이제 정말로 할머니에게서, 그리고 청소년 시절에서 빠져나왔다고 느꼈다. '여자 아이의 방'과 작별함으로써, 아이로서의 역할에서도 벗어나게 된 것이다. 이미 오래 전에 벗어버려야 했던 것이었다.

부모님 집에서 '빠져나온' 후에 앙겔라는 자신의 지하실에 있던 할머니의 가구들도 정리해버렸다. 모든 것이 저절로 일어난 것처럼 갑작스럽게 이루어졌다. 그녀는 중고 가게 사람을 불러 낡은 가구들을 처리했다. 또한 남자 친구와 함께 사용했던 가구들도 정리했다. 심지어는 남자 친구와 함께 살았던 이 집조차도 정리해버리고 현재의 자신에게 맞는 새 집을 구해야겠다고 결심했다.

어떻게 그렇게 오랫동안 그 집에서 참고 살 수 있었을까? 앙겔라 스스로도 이해할 수 없었다. 그녀는 짐을 정리하고 새 집으로 이사하는 일을 의욕적으로 진행했다. 그리고 다시 예전처럼 에너지가 넘치는 여자가 되었다. 단순히 어린 시절의 방을 정리한 일이 산사태를 가져온 셈이었다.

이처럼, 추억 속의 물건은 무의식적으로 관계를 확인하는 것과 어느 정도 관련이 있다. 그 물건이 맘에 들고 안 들고를 떠나, 이사를 할 때마다 우리는 아무 생각 없이 감상에 젖어 그것들을 싸들고 간다. 그래서 엘제 아줌마의 볼품없고 오래된 꽃병을 계속 장식해둔다든가 할머니 집에 갈 때마다 사용하던 이 빠진 오래된 찻잔을 보관하는 것이다.

이미 오래 전에 독립해서 다른 도시에 살고 있는 다 큰 아이들이 부모의 집에 자기가 쓰던 방을 치우지 않고 그대로 두는 경우가 있다. 그 방에는 이들의 중요한 '어린 시절 및 청소년기의 보물'이 남겨져 있다. 어른이 된 지금은 더 이상 필요하지 않지만 아직 부모님 집에 보관해두고 싶은 것이다. 이것은 부모에게도 위안이 된다.

사람들은 잃어버린 것에 대해 슬퍼하고 나서야 새 것을 위한 자리를 마련한다. 어릴 때 사용했던 방과의 때늦은 이별은 또 다른 행동을 가져왔다. 앙겔라는 할머니와의 관계처럼 남자 친구와의 관계가 끝나고 나서도 그와 관련이 있는 물건들을 그대로 놓아두었다. 그리고 그곳에다가 '버림 받은 여자'로서의 자신을 보여주는 '박물관'을 만들어놓았던 것이다.

홀로서기

부모님 집에 남겨져 있던 자신의 방을 치우는 것이 처음에는 앙겔라가 부모님

에게서 독립하는 데 도움을 주었다. 그런 다음에는 해방된 에너지의 힘으로 마

침내 오래 전에 끝나버린 연인 관계에서도 내적으로뿐만 아니라 외적으로도 빠

져나올 수 있었다. 그녀는 이제 버림받았다는 느낌이 아니라 독립했다는 느낌

을 갖게 되었다. 직장에서는 한 사람의 성인으로서 늘 책임감 있게 일해왔지만,

사적으로는 이제야 자기 자신을 책임지는 온전한 성인이 된 것이다.

part 5 누구에게도 보여주고 싶지 않아요

사람들을 자기 집에 초대한 적도 없고, 자신도 대부분의 시간을 여자 친구의 집에서 보내는 한 친구가 급하게 전화를 해서 라디에이터를 수리할 수 있는 사람을 알고 있는지 물었다. 곤혹스러웠다. 나는 사람들의 정신적인 문제나 직업적인 문제를 해결하는데 도움을 주는 사람이었지, 이런 문제를 도와주는 사람은 아니기 때문이었다. 그래서 나는 그에게 집주인에게 물어보거나 전화번호부에서 수리공의 전화번호를 찾아보라고 말했다. 그러자 그는 그렇게 할 수 없는 이유가 있다고 대답했다. 그의 집은 언젠가는 읽으려고 모아놓은 신문과 잡지들, 그리고 다른 잡동사니들로 쓰레기장이나 다름이 없었던 것이다. 물론 종이더미로 뒤덮여 있는 책상 어딘가에 있을 전화번호부 역시 찾을 수 없었다. 그는 이런 모습을 집주인이나 처음 보는 수리공에게 보여주고 싶지 않았던 것이다. 물론 나에게 말하는 것도 얼마나 힘들었을까 느낄 수 있었다. 빨리 응급처치를 해야 했다. 우선 그는 나의 도움을 받아 다른 사람에게 보여줄 수 있을 정도로만 대충 정리를 하고 수리공을 불렀다. 그는 안도하는 눈치였다.

│ **유쾌하게 헤어지는 방법 5** │ 나는 잡동사니가 쌓여 있는 그의 책상의 역사를 함께 규명하고 어떻게 이 문제와 싸워야 할지 생각해보자고 알렉산더에게 제안했다. 그러자 그의 마음속 이야기가 공개되었다.

알렉산더는 매우 가부장적이고 권위적인 아버지 밑에서 자랐다. 아버지는 알렉산더의 모든 일을 간섭했고, 늘 공부하라고 다그쳤으며, 끊임없이 잔소리를 해댔다. 아주 사소한 일이라도 아버지의 허락 하에 처리되어야 했기 때문에, 알렉산더에게는 조금의 자유도 없었다. 알렉산더의 유일한 피난처는 숙제였다. 아버지는 성적을 중요하게 여겼다. 그래서 알렉산더는 아버지의 압박에서 벗어나기 위해 간계를 꾸몄다. 그는 종이, 공책, 책 등을 책상 위에 성처럼 쌓아놓고 자신이 이렇게 공부를 많이 한다고 보여줬다. 이 계획은 대성공이었다. 책상 위에 쌓여 있는 잡동사니 뒤에서 그는 안식을 얻게 된 것이다. 가끔 몰래 소설을 읽다가도 누군가 방에 오면 그 책을 재빨리 산더미처럼 쌓인 종이 밑에 밀어 넣었다. 그리고 그는 쌓아놓은 종이들을 며칠씩 내버려두었다. 그것들은 알렉산더가 열심히 공부하고 있다는 사실을 보여주는 증거이기 때문이었다.

알렉산더는 독립해서 혼자 살게 된 후로도 잡동사니 뒤에 자신을 숨기고 있었다. 감시하는 사람은 아무도 없는데도 말이다. 당시에는 창의적이었던 해결책이 고착된 것이었다. 집에서뿐만이 아니었다. 직장에 있는 그의 책상도 처리되지 않은 서류들로 넘쳐났다. 예전에 아버지에게서 자신을 보호했던 것처럼, 알렉산더는 사장이나 새로운 업무에서 자신을 보호하려 했던 것이다.

마음속 이야기를 털어놓음으로써 자신이 왜 잡동사니를 쌓아 놓았는지 알게 된 알렉산더는 먼저 정리를 시작하고 싶어 했다. 먼저 잡동사니를 치운 후 그는 상담 치료를 받기 시작했다. 상담 치료에서 아버지와의 관계를 다루면서, 그는 회사에서도 사장의 지시를 피하지 않고 사장과 타협하는 법을 배웠다. 사적으로도 적어도 일주일에 한 번은 일하는 곳과 집을 깨끗하게 정리하겠다고 여자 친구에게 약속했다. 정리하지 않고 사는 것이 창피해서 마음의 문을 닫고 종이더미 뒤에 숨어 지냈던 그가 다른 사람들과 함께 있는 훈련을 받게 된 것이다.

자기 분석과 훈련으로도 극복되기 힘든 수집의 형태가 있다. '메스mess', 즉 물건을 버리지 못하는 사람들의 집은 온갖 의미 없는 물건들로 가득 차 집안이 쓰레기장과 같다. 당사자들도 속

수무책으로, 마치 물건들이 저절로 집안에 들어온 것처럼 느껴질 정도다.

전형적인 메스는 아니더라도 많은 사람들이 자신들의 책상 위가 항상 넘쳐나는 현상을 잘 알고 있다. 답장을 해야 할 서류나 편지들이 쌓이고, 거기에 사람들은 계속해서 다른 것을 갖다 놓는다. 주말에 모두 처리하겠다고 다짐하지만 주말이 되어도 아무것도 하지 않는다. 더 이상 미룰 수 없는 일이 있으면, 그 일을 하기 위해 먼저 책상을 정리하고 서류를 찾아야만 한다. 이때 어쩌면 책상을 깨끗하게 정리할 수도 있다. 깨끗해진 책상을 보고 이제부터는 항상 모든 것을 즉시 처리하겠다고 결심한다. 그러나 그 결심을 지키지 못하고 악순환이 시작된다.

어쩌면 여러분은 알렉산더의 이야기를 읽으면서 자신에게도 정리의 문제가 있다고 생각했을지도 모른다. 그런 여러분을 위해 몇 가지 제안을 해보겠다.

- 잡동사니들을 버리는 것이 힘들다면, 그것들이 갑자기 마술처럼 사라져버렸다고 상상해보라. 그런 다음 자신에게 물어보라. 어떤 기분이 드는가? 편안한가. 아니면 공허함과 불안감을 느끼는가? 컵, 사기 인형, 봉제인형 등을 선물한 친구들에게 양심의 가책을 느끼는가? 그래서 그 선물들을 버릴 용기가 없는가?
- 이런 죄책감을 어떻게 해결할 수 있을까. 친구나 애인과의 대화

로 해결할 수 있을까?

- 마침내 모두 정리되었다면, 내가 이루고 싶은 가장 큰 (또는 가장 오래된) 소원은 무엇인지 생각해보자. 예를 들어서 잡동사니를 정리할 때 예전에 사용했던 오래된 악보들을 발견했다면, 피아노 레슨을 새로 받을까 생각해볼 수도 있다.

- 현재 나의 일상에서 이 소원을 시작할 시간이나 의욕이 있는가?

- 이 소원을 실행할 수 있도록 도와줄 방법이나 사람이 주변에 있는가? 친구들에게 물어보거나 인터넷을 검색해서 좋은 피아노 선생을 찾는 데 에너지를 쏟아보자.

- 마지막으로 잡동사니를 버릴 일정한 기간을 정하고, 정리를 시작하자!

시간 약속 지키기

'정확성'에 대한 개념은 문화에 따라 다르다.

독일에서는 약속 시간을 정확하게 지키는 것이 시민의 중요한 덕목 중 하나로 여겨진다. 그러나 아프리카는 조금 다르다. 아프리카에서는 일주일 내에 만나자는 약속도 가능하다. 손님이나 방문객이 약속한 일주일 내에 오면 아무 문제없다. 시간적 여유가 인색하지 않게 책정되는 것이다.

카를하인츠 가이슬러Karlheinz A. Geissler는 시간 현상에 대해서 연구하고 대중적인 책을 많이 펴낸 학자다. 그는 브라질에서 첫 강의를 할 때 브라질 사람들의 '시간 끌기'에 지쳤다고 한다. 오후 3시에 시작되는 강의가 1시간 이상 지연되기 일쑤였다. 학생들 대부분이 한두 시간 뒤에 강의실에 나타났기 때문이었다. 처음에는 이것 때문에 화가 났지만, 나중에 그는 이런 태도가 브라질에서는 결례가 아니며, 면적이 넓은 그 나라의 라이프스타일을 반영하고 있을 뿐이라는 사실을 간신히 알게 되었다.

모든 것이 시간의 흐름에 맞춰진 문화권에서는 정해진 시간에 적응하는 것이 매우 중요하게 여겨진다. 이런 사회에서 개인들은 감추어진 분리 불안 때문에 분리되는 것에 불쾌감을 가지고 있다.

여러분도 잘 알고 있을 것이다. 약속 시간에 항상 늦게 오는 친구들이 있다. 싫지만 할 수 없이 여러분은 그들의 행태에 대비해왔다. 그들은 습관적으로 늦게 옴으로써 정확한 약속을 '거부하는' 행태를 계속해왔기 때문이다. 그래서 여러분은 창의적이고 여유 있게 그 문제를 다루려고 모든 약속을 15분 내지 30분 정도 일찍 정하기 시작한다. 그런 식으로 습관적으로 늦게 오는 사람들과 제때에 영화를 보거나 함께 식사를 할 수 있는 가능성을 높이는 것이다.

습관적으로 늦게 오는 것에는 우리의 주제인 분리와 관계가 있는 동인動因들이 숨어 있다. 늦게 오는 것에는 자기가 도착했을 때 다른 사람이 이미 약속 장소에서 기다리고 있을 것이라는 기대가 잠재해 있다. 자기가 먼저 와 혼자 있으면서 바람맞았을지 모른다고 두려워하지 않기 위해서다.

part 6   노력해도 고쳐지지 않아요

소냐는 주변 사람들을 미치게 만든다. 항상 약속 시간보다 늦게 나타나기 때문이다. 이번에는 절대로 늦지 않겠다고 맹세하지만 소용없다. 상담 시간에 나는 그녀에게 약속 시간에 늦는 이유가 집에서 오래 머물기 때문인지, 아니면 집에서 늦게 나가기 때문 인지 물어보았다. 그녀는 대답했다. "같은 말이잖아요! 그렇지 않은가요? 아니, 집에서 오래 머무는 것 같기도 해요. 나가기 전 에 빨리 처리할 수 있는 일을 이것저것 찾아요. 꽃에 물을 주고, 짧게 전화 통화를 하고, 다른 것을 입어보고, 가끔은 갑자기 그냥 집에 있고 싶은 생각이 들 때도 있어요. 이렇게 지체한 후에서야 저는 '오늘도 늦었군' 하고 생각해요. 대개는 뜻하지 않은 일이 일어나요. 우편배달부가 와서 이야기를 나누거나 자동차가 주차 장에 막혀 있기도 하고 길이 막히거나 주차할 곳을 찾지 못하기

도 하죠. 마법에 걸린 듯해요. 제시간에 오려고 노력하는 것이 별 의미가 없는 셈이죠."

시계를 조금 빠르게 맞춰놓는 것과 같은 속임수도 헛수고였다. 소냐가 늘 늦을 것이라고 생각한 친구들은 소냐에게만 약속 시간을 조금 앞당겨 알려주기도 했다. 그러나 소용없었다.

대학을 다니는 동안에는 어느 정도 시간 문제를 관리할 수 있었지만, 직장 생활을 하면서는 갈수록 어려움에 봉착했다. 소냐는 대학을 졸업하고 투자 상담 회사에서 일을 하게 되었다. 그 회사는 약속 시간을 지키는 것을 중요하게 생각했고, 그녀는 온 힘을 다해 노력했지만 잘 되지 않았다. 그래서 몇 달 뒤에 경고를 받게 되었고 결국 심리 상담을 받기로 했다. 예상했던 대로 소냐는 예약한 상담 시간도 잘 지키지 못했다.

상담을 하면서 소냐가 약속 시간 전에 '집에 오래 머물고' 약속 시간에 너무 늦게 오는 데는 분리 불안과 버림받는 것에 대한 심각한 두려움이 내재하고 있다는 것을 알게 되었다. 이 두려움은 약속 장소에 아무도 와 있지 않으면 어쩌나 하는 생각 때문에 해결되지 못한 것이다. 이 문제를 이해하기 위해 그녀의 과거를 들여다보았다. 그러자 주변 사람들을 절망으로 몰아갔던 소냐의 시간관념 속에 숨겨져 있던 문제점이 드러났다. 소냐의 트라우마는 그녀의 조국인 러시아를 떠나온 체험과 관계가 있었다.

| 유쾌하게 헤어지는 방법 6 | 소냐는 러시아에서 독일인 어머니와

러시아인 아버지 사이에서 태어났다.

어머니는 종종 혼자서 독일에 있는 친척들을 방문했지만 망명하거나 이주하고 싶다는 말을 한 적은 없었다. 당시에 그런 말을 하는 것은 매우 위험한 일이었기 때문이다. 소냐가 5살이 되었을 때, 어머니는 친척이 있는 독일을 방문하면서 이번에는 소냐를 데리고 가겠다고 했다. 여행 가방에 소냐가 좋아하는 곰 인형을 넣으려고 했을 때 어머니가 말했다. "금방 돌아올 거니까, 인형은 두고 가렴." 소냐는 마지못해 인형을 내려놓고는 울음을 터뜨렸다.

플랫폼은 사람들로 붐볐고, 어머니의 격앙된 목소리를 소냐는 아직도 기억한다. "엄마 손 꼭 잡아. 손을 놓쳤다가는 길을 잃어서 엄마를 찾지 못할 거야." 소냐는 잔뜩 겁을 먹고 어머니 곁에 찰싹 달라붙어 있었다. 여행하는 내내 무서웠다. 그 여행이 아주 위험한 여행이었다는 것은 나중에 알게 되었다.

독일에 도착했을 때 어머니가 소냐를 러시아에서 아주 데리고 나온 것이라는 사실을, 그리고 영원히 독일에 머물기로 했다는 사실을 알게 되었기 때문이다. 소냐는 기만당한 기분이 들었다. 그녀 주위에 있는 사람들은 다른 나라 말을 했다. 좋아했던 할아버지, 할머니는 더 이상 만날 수 없었고 아버지의 빈자리는 매우 컸다. 몇 주가 지나서 아버지가 독일에 도착했고, 얼마 안 되어서 어머니가 임신을 했다. 이런 소동 속에서 가족들에게 소녀에 대한 여유나 관심이 있을 리 만무했다. 어머니가 아기를 낳기 전까지 한동안 소녀는 친척 집에 맡겨졌다. 소녀는 곰 인형도 없이 창가에 앉아 어머니를 기다렸지만 간절하게 기다리는 어머니는 오지 않았다. 그녀는 갈수록 마음의 문을 닫았고 친척들이 불러도 들은 체도 하지 않았다. 그런 식으로 소녀는 향수병과 싸웠다.

마침내 부모가 고대했던 대를 이을 아들이 태어났을 때 그녀는 버림받은 기분이 들었다. 어머니는 출산 후 곧바로 일을 해야만 했다. 아버지는 독일어를 잘 못했기 때문에 어머니 대신 집에서 집안일을 했다. 소녀는 당시를 이렇게 기억했다. "늘 맘에 안들었던 남동생을 봐야 했어요. 어른들은 거의 집에 없었던 데다가 남동생한테만 빠져 있어서 나는 늘 관심 밖이었어요."

이 '오래된 이야기'를 소녀는 이미 잊고 있었던 것 같다. 하지만 이 이야기가 그녀의 시간관념 문제에 대한 열쇠인 것 같았다. "맞아요. 나는 늘 스스로 원할 때만 가려고 했지 다른 사람이 언제 어디서 만나자고 결정하면 가고 싶지 않았던 것 같아요. 어린 시절의 경험이 그 문제와 관계가 있을 수 있다는 생각은 하지 못했어요. 사람들은 내가 고집이 세다고만 하거든요. 하지만 이제 알았으니 시간을 정확히 지킬 수 있지 않을까요?"

소녀의 옛 경험이 실제로 현재의 시간관념 문제와 관계가 있는지는 중요하지 않다. 중요한 것은 소녀가 자신의 문제점과 원인을 알았고, 고칠 생각을 하기 시작했다는 점이다.

우리는 소냐를 위한 계획을 세웠다. 다음에 만날 때는 그녀가 정말로 약속한 시간에 올지, 온다면 언제가 적당할지 스스로 결정하게 했다. 이때 그녀의 '악습'에는 또 다른 원인이 있다는 것이 밝혀졌다. 그녀는 너무 바빴던 것이다!

우리는 수많은 약속들이 조금의 빈틈도 없이 촘촘히 기록되어 있는 그녀의 다이어리를 살펴보았다. 꼭 필요한 휴식 시간이 없었다. 그녀는 약속을 할 때, 시간적 여유나 본인의 관심 등은 생각해보지도 않고 무조건 상대방에게 동의해온 것이었다. 그래서 우리는 어떤 약속을 꼭 그 주에 해야 하는지 아니면 조금 뒤로 미룰 수는 없는지 그녀가 스스로 답할 수 있도록 했다. 그녀의 과거사와 자율권을 갖고 싶은 그녀의 희망과의 연관성이 여기서 다시 분명해졌다. "내가 언제 오고 언제 갈지, 그리고 그렇게 하는 것이 옳은지 스스로 결정하고 싶어요." 그녀는 작별인사도 없이 서둘러 러시아를 떠났을 때처럼 다른 사람에 의해 자신의 일이 결정되는 경험은 하고 싶지 않다고 했다. 이 희망이 외부에서 주어진 약속들에 저항하게 한 것이었다.

그녀가 시간관념의 문제를 해결할 수 있도록 먼저 작은 이별들을 할 수 있는 몇 가지 '사전 작업'이 필요했다. 즉 소냐는 외부에서 주어진 약속들 중 꼭 지켜야 하는 것은 어떤 것이고, 약속의 세부사항을 그녀가 결정하거나 변경할 수 있는 것은 어떤 것인지 구분하는 법을 배워야만 했다. 예를 들어, 일할 때는 시간을 지켜야 한다. 생계를 보장해주는 문제이기 때문이다.

소냐는 잘 해내었다. 우리는 계약을 맺었다. 그녀에게 상담을 할 수 있는 방 하나를 내주고, 계약 기간 동안에는 그녀가 원하면 언제든지 올 수 있게 한 것이다. 처음에 그녀는 여전히 양심의 가책을 느끼면서도 습관대로 15분에서 20분 정도 늦게 왔다. 가끔 일찍 올 때도 있었지만, 대개는 15분 정도 지각을 했다. 그녀는 이 리듬을 의연하게 마음에 품고 자신의 의지를 받아들일 줄 알게 되었다. "늦게 오더라도 어쩔 수 없어요. 내가 오고 싶을 때 올 수 있다는 것이 우리의 계약이잖아요."

그런데, 마지막 상담일에 소냐가 갑자기 오지 않았다. 전화나 편지에도 반응이 없었다. 하지만 나는 불안하지 않았다. 나는 그녀가 이때도 자신의 자율성을 시험해보는 것이고, 어쩌면 옛날에 그녀가 체험했던 것처럼 내가 그녀와 작별을 할 수 없도록 그냥 도망쳐버린 것이라고 생각했다. 이는 어렸을 때의 트라우마의 반복일 수 있고 아니면 오래된 상심의 극복일 수도 있었다. 실제로 그녀는 몇 달 후에 다시 연락을 했다.

계약의 만료일을 스스로 정했음에도 불구하고, 소냐에게는 끝나는 것에 대한 두려움이 있었던 것 같다. 그녀는 이별에 대한 두려움을 더 이상 갖지 않게 될 때까지, 그리고 자기 스스로 끝나는 시점을 선택할 수 있을 때까지 일단 조용히 기다려보기로 결심한

듯이 보였다. 그 사이에 그녀는 러시아로 여행을 했다. 그곳에 남아 있는 친척들과 조부모의 묘를 방문하기 위해서였다.

"어쨌든 나는 그곳에서 끝맺음을 했어요. 러시아에서의 어린 시절과 작별을 했던 것이죠. 나는 이제 독일에 잘 왔다고 생각해요."

여러분도 소냐와 같은 작은 악습이 있다면, 여기에 있는 몇 가지 조언이 도움이 될 수 있을 것이다.

- 지키기 힘든 약속은 없는지 다이어리를 검토해보라.
- 약속과 약속 사이에 시간적으로 충분한 여유를 두었는가. 예를 들어, 한 장소에서 다른 장소로의 이동 시간, 잠깐의 휴식 시간, 서류를 정리하기 위한 시간 등.
- 여러분이 정한 약속이나 만남이 혹시 끝나는 시간을 예측할 수 없거나, 저녁 시간까지 계속된다거나, 신경을 많이 써야 하는 것은 아닌가.
- 일을 끝마치기보다는 시간을 끌고 연장하거나 아예 처음부터 다시 시작하는 경향이 있는가. 예를 들어 전화통화를 끝낼 때 여러 번 인사말을 반복하거나, 리포트를 작성하거나 발표를 해야 할 일이 있을 때 처음 계획한 주제를 끝내지 않고 계속해서 새로운 주제를 시도하는 경우 등이다.
- 어쩌면 계속해서 새로운 것을 시도하는 것은, 이별하고 싶지 않

은 마음이나 정확성을 지키고 싶지 않은 마음을 분명하게 표현하

는 것일지도 모른다.

시간 약속

소냐의 경우에서 알 수 있듯이 과거에 중요한 이별을 제대로 끝내지 못했을

경우, 처음에는 눈에 띄지 않는 증상으로 나타나다가, 점점 현재에 영향을 끼

치고 마침내 일상생활에까지 악영향을 미친다. 그러나 모든 사람이 소냐처럼

극적인 배경을 가지고 있는 것은 아니다. 여러분에게도 시간관념이나 정확성과

관련한 문제가 있다면, 그 이유는 게으름, 소극적인 성격, 시간 계획을 잘못 세

운 것 등일 수도 있다.

part 7

내가 자리를 비우면 꼭 무슨 일이 생겨요

슈테판은 많은 형제자매 사이에서 자랐다. 그는 어릴 때부터 다른 형제들이 아침에 모두 외출할 때까지 나가지 않고 기다리는 것을 즐겼다. 그러면 다른 형제들에게 방해받지 않고, 혼자서만 어머니와 시간을 보낼 수 있었기 때문이다. 이 때문에 슈테판은 다른 가족들이 모두 외출할 때까지 부엌 식탁에서 인내심을 갖고 견뎌냈다.

다른 사람들이 그 자리에 없을 때 '가장 중요한 일'이 일어난다는 어린 시절의 체험은 그가 어른이 되고 난 후에도 영향을 미쳤다. 파티에 초대받았을 경우, 그는 거의 대부분의 손님들이 돌아간 후에야 맨 마지막으로 작별 인사를 하고 파티 장소를 떠난다. 이는 아내와 잦은 싸움의 원인이 되었다. 흔히 파티에서 마지막까지 남는 사람들은 술에 취한 사람들이었기 때문에, 아내는 마지막까지 남아 술에 취한 사람들과 이야기를 나누고 싶지 않았던 것이다. 게다가 마지막까지 파티에 남아 있는 일은 육체적으로도 힘든 일이었다. 하지만 슈테판은 파티에서 마지막까지 남아 있는 일에 특별한 가치를 부여했다. 소외받았다는 느낌을 받고 싶지 않기 때문이었다.

직장에서도 슈테판은 다른 직원들이 전부 퇴근할 때까지 남아 있는 경우가 많았다. 그러면 일에 미친 상사와 함께 퇴근할 수 있고 상사와 좋은 관계를 유지할 수 있는 것이다. 이것이 부부 관계에서 불화의 원인이 되어, 슈테판은 항상 회사에 머물러 있는 습관을 고치려고 노력했지만, 왜 이 습관을 고칠 수 없는지 슈테판 자신도 이해할 수가 없었다.

| 유쾌하게 헤어지는 방법 7 | 소냐의 경우처럼 항상 약속 시간에 늦는 것에는, 특별하게 인사 받고 싶고 많은 사람들 사이에서 무관심 속에 묻혀버리고 싶지 않은 무의식적인 욕구가 담겨 있다. 생각해보자. 파티에 가장 늦게 온 사람은 다른 사람들에게 환영을 받을 수도 있고, 화를 벌 수도 있다. 그러나 대부분의 경우, 사람들은 그가 올 때까지 식사도 시작하지 않고 기다려준다.

슈테판처럼 파티에 오래 머무는 사람은 소냐처럼 파티에 늦게 도착하지는 않는다. 그러나 파티나 그 밖의 다른 일로 초대를 받았을 때 매번 마지막까지 남아 사람들의 관심을 오래도록 받으려고 한다. 이렇게 오래 머무는 행태도 분리 불안과 관계가 있을 수 있다. 놓치고 싶지 않은 '정말로 흥분될' 일이 일어나기를 기다리는 사람들은 의외로 많다. 마지막까지 떠나지 않고 기다림으로써, 자리를 떴을 때 중요한 것을 놓칠지도 모른다는 불안, 즉 분리 불안을 제어하는 것이다.

여러분이나 여러분이 아는 사람 중에 소냐나 슈테판과 비슷한 어려움을 겪는 사람이 있다면, 먼저 이야기를 나눠봄으로써 그 문제의 원인이 무엇인지 찾아봐야 한다.

예를 들어 어머니의 관심이나 아버지의 퇴근과 같은 중요한 일을 오래 기다리는 것이 어떤 영향을 주었는지 생각해볼 수 있다. 이런 어린 시절의 기억이 어른이 된 지금 겪고 있는 어려움의 원인일 수 있다.

이유를 알게 된 다음에는, 여가 시간이나 일을 할 때 오랫동안 '적당한 순간'을 기다리는 것이 지금도 가치 있는 일인지, 아니면 아무에게도 방해받지 않고 같이 있고 싶은 사람과 자신만의 약속을 하는 것이 가치 있는 일인지 단계적으로 검토해나갈 수 있다.

예를 하나 더 들어보겠다. 여러분이 지금 영화관에 앉아 영화를 보고 있다고 생각해보자. 영화가 서서히 지루해지기 시작한다. 여러분은 지루한 영화를 보고 있는 대신 더 즐거운 일을 할 수는 없을까 하고 생각한다. 그럼에도 불구하고 여러분은 영화가 끝날 때까지 남아 있다. 나중에 동행한 사람에게 영화관에서 더 일찍 나올걸 그랬다고 말할지도 모른다. 그 사람도 동의할지 모른다. 하지만 다음번에도 여러분은 영화가 끝날 때까지 견딘다. 왜 끝까지 극장에 남아 있었느냐고 묻는다면, 대부분의 사람들은 이렇게 대답한다.

"어차피 표를 사고 들어와서 앉은 거니까요. 나아지기를 기대하는 거죠. 어쩌면 마지막엔 뭔가를 얻을 수 있지 않을까 기대하죠. 또 중간에 나가려면 화면을 가리게 되어 다른 사람들에게 방해가 될 수도 있고요."

떠나지 않고 오래 머무르는 것은 항상 늦는 경우와 마찬가지로 이 책의 주제인 이별 불안 중에서 특히 이별을 회피하는 것과 관계가 있다. 그 이유는 여러 가지다.

- 만남이나 미팅에 너무 늦게 출발한다. 거기까지 가는 데 시간이 얼마나 걸릴지 계산하지 않기 때문이다.
- 예상보다 시간이 많이 걸리는 약속도 있다는 사실을 생각하지 못한다.
- 어떤 일을 하는 데 얼마나 많은 시간이 필요한지 분명하게 알지 못한다. 혹은 시간을 계산하는 것을 중요하지 않게 생각한다. 우

리는 일을 하면서 늘 이렇게 생각한다. '미팅 전에 빨리 끝내면
돼.' 하지만 여러분도 잘 알고 있듯이, 늘 생각했던 것보다 오래
걸리기 마련이다. 그래서 다른 약속을 지키는 데 어려움을 겪게
된다.

- 이처럼, 예기치 못하게 중간에 일이 생기거나 예상했던 것보다
  시간이 걸리는 일이 모이면, 시간이 눈덩이처럼 불어나 모든 일
  이 계속적으로 지연되는 일이 발생할 수 있다.

여러분들에게도 이런 일들이 자주 발생한다면, '나는 항상 빨
라', '이 정도의 일이라면 빨리 처리할 수 있어', '식은 죽 먹기야'
등과 같이 아무도 모르는 능력의 내면화introject를 쫓아가고 있는 것
은 아닌지 자신을 되돌아보아야 한다. 만일 그렇다면 여러분에게
는 어떤 전형이 문제인지 검토하라. 이러한 '충동적인 신념'에서
벗어나서 모든 일에 적당한 시간을 배려하기 시작하라. 그러면 여
러분은 갑자기 예전보다 훨씬 더 많은 시간을 얻게 될 것이다.

Chapter Three

관계와 이별하는 법

사랑하는 이를 떠나는 방법에는
50가지가 있다.

폴 사이먼

일반적으로 사람들은 '이별'이라는 단어에서 남녀 관계의 종식을 떠올린다. 그렇기 때문에 관계의 어려움을 하소연하는 사람들이 나를 찾아오는 경우가 많다. 그들은 공통적으로 이성에게서 버림받을지도 모른다는 두려움과 관계의 단절에 대한 불안을 가지고 있다. 나에게 조언을 구하는 사람들은 대개 자신들의 부부(연인) 관계가 이대로 끝나버리는 것이 아닌가 하고 불안해한다. 그리고 자신의 태도를 변화시키거나 상대방에게 희망사항이나 요구사항을 터놓고 이야기하는 것이 오히려 관계를 나쁘게 만들지 않을까 두려워한다.

조언을 구하는 사람들의 불평은 모두 비슷하다.

- 남편은 늘 자기가 원하는 것만 해요. 그리고 집안일은 신경도 쓰지 않아요.
- 아내에게는 나보다 친구들이 더 중요한 것 같아요. 아내는 늘 나가 있어요.

- 남편은 나를 안아주지 않아요.

- 퇴근하고 집에 왔는데도 아내는 계속해서 전화통화만 해요. 내
  가 집에 있든 없든 전혀 중요하지 않은 것 같아요.

- 남편은 내 말에 귀 기울이지 않아요.

- 아내와의 관계를 잃어버렸어요. 우리는 단지 함께 살 뿐이에요.

남녀 간의 갈등은 단순해 보이는 일을 하지 않음으로써 일어나는 경우가 많다. 예를 들어 여러분이 바라는 것을 배우자에게 솔직하게 말하지 않거나, 배우자에게 물어보지 않고 그 사람의 행태를 해석하고, 배우자는 생각하지도 못하는 기대를 갖는 것 등이다. 여러분은 아무것도 말하지 않고, 다만 상대를 비난하면서 바람이 이루어지기를 쓸쓸하게 기다릴 뿐이다. 이러한 상태를 만든 것이 바로 여러분 자신이고 그 상황을 해결하기 위해 스스로 노력해야 한다는 생각은 전혀 하지 못한다. 예전에 여러분의 어머니와 아버지가 그랬던 것처럼 말하지 않고 비난하면서 상대방이 여러분의 소원을 마침내 깨닫고 알아주기만을 바라면 안 된다. 부모님 세대와는 다르게 오늘날에는 여러분과 배우자가 각자의 길을 가기 전에 대화를 하고 서로를 위한 방법을 찾을 수 있는 기회가 있다.

이제 이 장에서 여러분 자신과 관련이 있거나 아니면 주변의 친구들이나 지인들에게서 볼 수 있는 몇 가지 '전형적인' 남녀 관계의 상황들을 묘사할 것이다. 이 예화들을 주의 깊게 읽고 자신의 행태를 관찰해본다면, 여러분 스스로 갈등을 해결할 수 있는 방법을 찾을 수 있을 것이다.

part 1 언젠가는 왕자님을 만날 거예요

카롤라는 동화 속 왕자님 같은 남자와 사랑에 빠져 결혼을 하고 행복한 가정을 꾸리는 소망을 가지고 있었다. 그러나 지금까지 만난 남자들은 '동화 속 왕자님'이 되기에는 한참 모자랐다. 그들은 처음에는 매우 뜨거운 사랑을 했지만, 나중에는 카롤라에게서 줄행랑을 쳤다. 이런 상황이 반복되면서, 카롤라는 점점 연애를 두려워하게 되었을 뿐만 아니라 경계심도 갖게 되었다.

상담을 하면서 나는 카롤라가 항상 연애 초기 단계에 남자 친구와 심하게 다투는 것을 알게 되었다. 카롤라는 이런 상황에서 늘 자신을 희생자로 생각했고, 남자 친구와의 관계는 나빠질 수밖에 없었다. 실력 있고 예쁜 재활 치료사로서 환자들을 잘 보살피고 배려하는 그녀가 자기 자신과 애인을 위해서는 그렇게 하지 못하는 것이 놀라울 따름이었다.

|유쾌하게 헤어지는 방법 8| 상담을 하면서 나는 카롤라와 가족의 관계에 주목했다. 성인임에도 불구하고 카롤라는 가족들과 깊은 관계를 맺고 있었다. 카롤라의 자매들은 항상 그녀를 여기저기 데리고 다니며 그녀의 인생 계획에 간섭했다. 언제나 엄격하기만 했던 부모 역시 성인이 된 딸의 삶에 여전히 간섭하면서 카롤라의 결정에 항상 부정적인 조언을 하고 있었다.

카롤라는 가족의 간섭을 피해 독립한 후에는 가능한 집에서 멀리 떨어진 곳에 직장과 집을 구했다. 하지만 외적인 거리만으로는 충분하지 않았다. 누군가와 사귀게 되면 그녀는 자신의 부모와 같은 눈으로 그 남자를 평가했다. 좋은 집안 출신인가, 가족을 부양할 수 있을까, 그녀에게 좋은 삶을 제공할 수 있을까, 직업에서도 장기적으로 성공할 수 있을까 등.

지금까지 부모의 마음에 든 사람은 아무도 없었다. 그녀가 부모에게 사귀고 있는 남자에 대해 설명하면(놀랍게도 그녀는 계속 그렇게 해왔다), 특히 아버지는 항상 새 남자 친구의 나쁜 면을 발견해냈다. 그러면 카롤라는 아버지가 말한 것과 똑같이 남자 친구를 대했다. 그리고 결국, 사랑함에도 불구하고 남자 친구를 쫓아버렸다. 놀랍게도 그녀는 남자 친구에게뿐만 아니라 여자 친구들에게도 똑같이 행동하고 있었다. 그래서 여자 친구들과의 관계에서도 끊임없이 갈등을 일으키고 있었다.

카롤라는 이번만큼은 자신이 바뀌기를 바라고 있었다. 사랑에 빠진 것이다. 그녀는 지금까지 관계를 오래 지속하는 데 방해가 되었던 행동을 바꾸고, 지금 만나고 있는 남자 친구와 오래가기를 바란다. 자신의 비판과 무시 때문에 또다시 그가 달아나게 하고 싶지 않은 것이다. 그녀는 자신이 이미 조금은 바뀌었다고 말했다. 심지어 지금의 남자 친구는 그녀가 항상 바랐던 결점 없는 매력적인 왕자가 아니라고까지 했다. 아직 익숙하지는 않지만 이번만큼은 예전보다 오래 그를 '간직하고' 싶다고 말한 그녀는 이를 위해서 자신이 바뀌어야 한다면 무엇이든 감수하겠다고 했다.

다친 사람들이나 신체적으로 결함이 있는 사람들을 도와주는 일을 하고 있음에도 불구하고, 카롤라는 자기 자신과 친구들이 늘 결점 없이 완벽한 사람이기를 바라고 있었다. 그리고 다른 사람들의 결점이나 잘못을 언제든지 직설적으로 표현했다. 그럼으로써 막 시작된 관심이나 사랑에 꼭 필요한 긍정적인 환상을 너무 일찍 깨뜨려버렸다.

아이는 부모에게서 무조건적인 사랑을 기대하며, 무슨 잘못을 해도 이해받을 수 있다. 그러나 어른은 자신의 처신이나 잘못에 대한 결과를 받아들여야만 하며, 다른 사람에게 거절당하거나 비난받을 수도 있다. 카롤라에게는 이러한 인식이 부족했다.

남자 친구에 대한 그녀의 과도한 기대가 사실은 이해심 많은 부모에게서 보호받고 싶어 하는, 충족되지 못한 동경을 되살리는 것이라는 사실을 알 수 있었다. 그녀는 남자 친구를 자신과 동등한 상대가 아니라 무엇이든 참고 이해해줄 어머니로 대했다. 자신의 어머니는 그렇게 해주지 않았기 때문이었다.

엄격하게 모든 것을 결정해주는 부모 아래서 자란 카롤라는 자신의 욕구에 귀를 기울일 수 없었다. 그렇기 때문에 성인 여성으로서 자신이 한 남자에게서 기대하는 것이 무엇인지 분명히 알지 못했다. 이제 그녀는 동화 속 왕자라는 이상화된 자신의 생각들을 포기해야만 한다. 그렇지 않고서는 현실에서 겪고 있는 남녀 관계의 문제도 극복할 수 없다. 카롤라는 무엇과 이별해야 할까.

- 한 남자와의 관계가 할리우드 영화나 소설처럼 될 수 있다는 생각을 포기해야만 한다.
- 동화 속 왕자는 간혹 어쩌다가 있을 뿐이라는 사실을 잘 알아야만 한다. 모든 남자들은(여자들도) 자신의 견해와 기대, 그리고 단점을 가지고 있다. 카롤라는 정말로 왕자와 결혼하고 싶은 걸까. 아니면 그냥 좋은 남자와 결혼하고 싶은 걸까.
- 자신이 어떻게 행동하든 상관없이 무조건적으로 사랑받고 싶다는 희망을 버려야 한다. 다른 사람과의 관계는 자신이 어떻게 행동하느냐, 예를 들어 부당하게 행동하느냐, 상대에게 상처를 주느냐에 따라 달라지며, 그에 대한 책임은 항상 자신이 져야 한다.

부모 자식 관계와는 다르다.

- 성공적인 남녀 관계를 위해서는 원하는 것을 얻지 못했을 때 발을 구르며 떼를 쓰는 것 같은, 마음속에 남아 있는 작은 여자 아이 같은 생각을 버려야 한다.
- 남자 친구와의 관계에 부모가 개입하지 못하도록 하는 용기를 가져야 한다. 부모에게 남자 친구를 평가해달라고 소개하거나 그와의 관계에 대한 허락을 구하는 일은 그만둬야 한다. 그럼으로써 부모가 계속 자신의 삶에 개입하지 못하게 해야 한다.

상담 치료의 도움으로 카롤라는 마음속으로 선을 긋기 시작했다. 자신의 문제가 항상 간섭하려고 하는 가족 때문만은 아니라는 것을 알았고, 이제 가족에게서 배운 관계의 전형과도 이별해야 한다는 사실도 알게 되었다.

part 2

그는 내 마음을 알아주지 않아요

부부간의 위기로 나를 찾아온 클라우디아는 남편과 이혼하는 것 외에 다른 방법은 없다며, 불만을 쏟아냈다. "나에 대한 배려라고는 없어요. 집안일은 전혀 신경도 안 쓰고, 수천 번 말해도 전혀 관심을 갖지 않아요. 이런 식으로 계속 함께 살아야 한다고 생각하는 것만으로도 끔찍해요. 그동안 나는 많이 바뀌었지만 그는 하나도 바뀌지 않았어요."

클라우디아가 어느 정도 진정되었을 때, 나는 어떻게 갑자기 이혼이라는 어려운 결심을 하게 되었는지 물어보았다. "목요일 오후에는 내가 배우는 게 있어서, 그날은 남편이 장을 보고 아이들을 돌보기로 약속을 했어요. 하지만 그는 늘 까맣게 잊어버려요. 매번 모든 것을 하나하나 확인하는 일을 이제는 더 이상 못하겠어요." 그녀는 인내심이 한계에 다다른 듯했다. 함께 산 지 10

년이 넘었지만 남편은 자신이 바라는 것이 무엇인지, 아이들을 위해 할 수 있는 일이 무엇인지 스스로 생각한 적이 없다는 것이다. 그런 남편을 이제는 더 이상 감당할 수 없기 때문에 이혼하고 싶다고 클라우디아는 말했다.

| 유쾌하게 헤어지는 방법 9 | 나는 조금 더 기다려보자고 제안했다. 그리고 이혼이 아닌 다른 해결책을 찾아보기 위해 나와 함께 몇 가지 작은 이별을 시도해보자고 말했다. 그러고는 그녀가 자신이 바라는 것을 지금 나에게 하듯이 한 번이라도 남편에게 분명하게 말한 적이 있는지 물어보았다. 그러자 그녀는 잠시 망설이더니 갑자기 화를 내며 대답했다. "벌써 여러 번 암시했어요! 내가 무엇을 바라는지 남편에게 매번 말해야 한다면, 부부 관계는 아무런 의미가 없는 것 아닌가요? 그럴 바에는 차라리 이혼하는 게 나아요."

클라우디아는 그냥 말없이 이해받고자 했다. 그녀는 남편에게 자신이 무엇을 원하고 기대하는지 정확하게 알려주지 않고, 그가 이해할 수 없는 무언의 비난으로 자신의 욕구를 표현하고 있었다. 그 동안 두 사람 사이에는 거의 대화가 없었다. 그녀는 그에게 불평을 할 뿐이고, 그는 그 불평을 이해하지 못해서 마음의 문을 닫은 것이다.

물론 의식적으로 아내의 불평 원인을 알려고 하지 않은 남편의 나태함에도 이유는 있었다. 누이들만 있는 집의 막내아들인 남편은 늘 버릇이 없었다. 어머니와 누이들은 그에게 아무것도 시키지 않고 뒤따라 다니면서 알아서 정리를 해주었다. 따라서 그는 클라우디아에게도 자신의 어머니와 누이와 같은 것을 바라고 있었던 것이다.

이처럼 부부간의 대화 부재와 서로에 대한 큰 기대가 부부의 갈등을 키웠던 것이다. 이러한 갈등으로 인해 클라우디아는 남편과 이혼한다면 어떻게 될지 상상해보고 미리 아픔을 느끼고 있었다. 그러면서 지금 이 순간에 할 수 있는 일은 생각하지도 않고 미래의 부정적인 전망에만 몰두하고 있었다.

우선 나는 상담을 통해 이들 부부 관계의 특성과 그녀의 무언의 기대를 검토해보고, 다시 한 번 노력해볼 수 있음을 알게 되었다. 그리고 클라우디아가 남편에게서 무엇을 기대하는지, 이혼하기에 앞서 어떤 것들과 작은 이별을 해야 하는지 이야기를 나누었다.

'우는 아이 젖 준다' 라는 속담처럼, 그녀가 먼저 남편에게 다가가서 대화를 시도해보아야 한다. 그러면 그 대화에서 긍정적인 것이 전개될 수 있을 것이다. 어쨌든 두 사람은 아직 서로 사랑하고 있었기 때문이다.

무언의 요구와 기대 때문에 일어나는 이러한 실망감은 남성과 여성 모두 체험한 적이 있을 것이다. 여러분도 유사한 상황을 겪

고 있다면 클라우디아의 작은 이별을 위한 과제를 시도해보기를
권한다.

- 남편이 어떤 식으로 자신을 사랑해줘야 되는지 정확히 표현한
  다. 자기가 무엇을 갖고 싶은지 말하는 것이다. 그러면 남편은 애
  정을 가지고 해줄지도 모른다.
- 자기 감정에 대해서 고집스럽게 침묵하지 않고, 남편에게 그 감
  정을 말하기 시작해야 한다. 물론 남편이 귀 기울여 듣지 않을 수
  도 있다. 그러나 이는 서로를 이해하는 기회가 될 수도 있다.
- 남편이 자신을 정말로 사랑한다면 자신에게 무슨 일이 있는지,
  또는 자신이 무엇을 필요로 하는지 남편 스스로 알아내야 한다는
  기대감에서 벗어나야 한다. 그리고 남편이 자신에게 쉽게 다가
  올 수 있도록 자신이 바라는 것을 표현할 줄도 알아야 한다. 예를
  들면 일요일에 남편이 친구들과 축구를 하러 간다면, 하루 종일
  실망해서 그에게 투덜거리지 말고 다음과 같이 말하는 것이다.
  "일요일은 나와 함께 지냈으면 좋겠어요."
- 남편에 대한 기대와 요구를 분명히 알고, 그것이 현재의 부부 생
  활에 적합한지, 아니면 여러분의 과한 기대는 아닌지 검토해본
  다. 어릴 때는 내가 말하지 않아도 엄마가 인형을 사주었지만 성
  인이 된 지금은 다르다.
- 남편이 여러분의 기대를 충족시키기 위해 이 세상에 있다는 생각

에서 벗어나야 한다. 상대방은 당신의 기대를 충족시키기 위해
이 세상에 있는 것이 아니며, 여러분 또한 그렇다.

part 3

더 이상 두근거리지 않아요

카챠는 활기 있고 생기발랄한 여성으로, 항상 주위를 밝게 만든다. 남편은 직장에서 계속 승진했고 딸도 태어났다. 모든 것이 잘 되어가는 것 같았다. 그러나 카챠는 갈수록 불안하고 삶이 지루하게 느껴졌다. 능력 있는 남편은 출장이 잦아 자주 집을 비웠다. 혼자 딸을 돌보고 남편이 없는 동안 무엇을 할까 계획하는 일들이 그녀의 결혼 생활을 조금씩 힘들게 했다. 그녀는 '낭만적인 사랑'을 동경했지만, 남편이 없는 생활은 그녀 스스로 말하듯이 남편에 대한 "애정을 감소"시켰다. 그녀는 이 문제를 해결하기 위해서 남편과 이야기하는 대신 체념한 채 늘 뒤로 미루었다.

그러다 파티에서 그녀는 한 남자를 알게 되었다. 그는 카챠의 비위를 맞추며 환심을 사려고 노력했다. 카챠는 이런 관심을 즐기다가 사랑에 빠지고 말았다. 젊은 그가 낭만적인 연인의 꿈을 충족시켜주었기 때문이다. 그녀는 위대한 사랑을 꿈꾸며, 그 남자와 바람을 피기 시작했다. 감정적으로 대혼란에 빠진 그녀는 남편에게 사실대로 고백하고 지루한 결혼 생활에 가능한 한 빨리 마침표를 찍으리라 결심했다.

물론 남편은 몹시 화를 냈다. 지금까지 무엇을 위해 그토록 열심히 일해왔는데! 이 일을 통해 남편은 자신이 카챠를 얼마나 사랑하는지 깨닫게 되었고, 무슨 일이 있어도 그녀를 '그 놈'에게 넘겨줄 수 없다고 결심했다. 그리고 이혼하는 대신, 카챠가 원한다면 한동안 별거를 할 것을 제안했다. 거리를 두고 어떻게 해야 할지 고민할 수 있도록 말이다. 아직 어린 딸이 급작스러운 변화에 놀랄 수도 있으므로, 남편이 친구의 아파트로 이사했다.

이제 카챠는 고민해야 했다. 새 가정을 원하는가? 남편과 아이 없이 살고 싶은가? 이 과정에서 그녀는 새롭게 만난 연인을 가족과 헤어질 만큼 사랑하지 않는다는 것을 알게 되었다. 감정의 분열과 함께 그녀는 남편과 아직 헤어질 수 없다는 것을 예감했다. 그녀는 자기 자신과 자신의 욕구를 통제했어야 했고 또 자신의 삶의 조건을 받아들였어야 했다고 생각했다.

나중에 그녀는 말했다. "나는 좋을 때와 나쁠 때 모두 체험했어요. 그때가 나에게는 가장 힘들었던 시기예요. 끔찍했을 뿐이에요. 남편과 반년을 떨어져 살았고 결국 우리는 서로 사랑하고 있다는 사실을 알게 되었어요. 그리고 옛 생각들을 포기하고 변화한다면 함께 살 수 있다는 것도 알게 되었어요. 연인과 헤어지는 것은 괴로웠어요. 아직도 가끔 그를 생각해요. 하지만 우리 가족을 위해서 이 결별은 어쩔 수 없는 선택이었어요."

| 유쾌하게 헤어지는 방법 10 | 안정돼 보이는 관계에서도 '시간'이라는 바이러스는 멈추지 않고 훼방을 놓는다. 힘겹게 싸워서 얻은 부富와 조화로운 관계는 더 이상 새로운 일이 일어나지 않으면 부식되기 시작한다. 그러나 인간은 항상 새로운 것을 원하기 마련이고, 그래서 새로운 경험을 하기 위해 가끔씩 집을 떠날 때도 있다. 외적으로는 별 것 아닌 것처럼 보이는 것이 새로운 변화의 중요한 계기가 될 때도 있다. 예를 들면 직업을 바꾸도록 유혹하는 제의, 지루한 일상에서 벗어나도록 유혹하는, 흔히 '중년의 위기'라 불리는 뜻하지 않게 시작된 애정 관계 등이다.

이때 가정에서는 갑자기 격렬한 폭풍이 불게 된다. 사람들은 어쩌다가 이런 이혼의 위기에까지 오게 되었는지 골똘히 생각한다. 사실 이러한 갈등을 통해 부부 관계가 더 돈독해질 수도 있다. 그러나 폭풍우의 순간에 그런 사실을 인식하고 있는 사람은 거의 없다. 그 대신 사람들은 성급하게 결정해버린다. 서로에게 상처를 주며 재빨리 이혼을 하는 것이다.

대부분의 사람들은 사랑에는 자신의 희생도 있어야 한다는 사실을 잊고 있다. 그렇기 때문에 사랑은 건전지처럼 규칙적인 간격으로 '충전'되어야 한다. 심리학자들은 이것을 다음과 같이 설명한다. '사랑은 에너지와 같은 영적인 힘으로 두 사람, 특히 남성과 여성 사이의 차이에 적어도 단계적으로 다리를 놓아주는 역할을 한다.' 생물학자들은 이를 번식을 위한 것이라고 말할 것이다.

이러한 역학 관계를 다음과 같이 묘사할 수 있을 것이다. 사랑에 빠지는 단계에서 우리는 상대방에게서 우리 자신에게는 없는 여러 특징들을 보게 된다. 사랑에 빠짐으로써 우리는 새로운 경험에 참여하게 되는 것이다. 그 경험들을 서로 주고받음으로써 사랑은 더욱 커지고 깊어진다. 사랑에 빠지는 뜨거운 첫 단계와 사랑이 커지고 깊어지는 단계가 지나, 시간이 흘러가면서 처음의 강렬함은 저절로, 또는 현실과 공동체 생활에 적응해가면서 줄어들기 마련이다. 사랑은 점점 신뢰, 연대감, 신의 등과 같은 다른 특질로 바뀌기 시작한다. 상대방의 낯섦과 새로움이 점점 자신의 습관이 되고 일부가 되면서 일상적인 것이 되어버린다. 상대방에게서 호기심을 불러일으켰던 차이가 없어진 것이다. 여기서 관계의 위기가 생겨난다.

이러한 위기를 극복하기 위해서는 자신과 상대방에게서 계속해서 새로운 면을 발견해야 한다. 즉 우리 역시 자기 안의, 스스로도 알지 못하는 새로운 면을 발견해야 하고, 이를 위해서는 새로운 자극이 필요하다.

관계의 전환

오래된 관계에 내재한 이별의 역학 내지 변화의 역학을 해결하기 위해서, 나는

관계를 해치지 않는 범위에서 세밀하게 계획된 이별을 이용한 '관계의 전환'

이라는 콘셉트를 제안한다. 요트를 탈 때 다소 높은 위험을 감수하고 배의 방

향을 바꾸도록 하는 '방향 전환'이라는 기술이 있다. 바람의 방향이 바뀌는 까

다로운 순간에 이 기술을 이용하는데, 자칫하면 배가 전복될 수도 있지만, 그

렇지 않을 경우에는 새로운 방향으로 나아갈 수 있다. 부부 관계에 있어서도,

이미 오래 전에 했어야 할 방향 전환의 필요성을 외적인 정황(폭풍)이 다가오

고 나서야 깨닫는 수가 있다.

part 4 더 이상 함께 살 수 없어요

비르기트는 45세이고, 남편은 50세이다. 결혼한 지 25년이 되었으며 두 아이들과 경제적으로 안정된 가정을 이루고 있다. 남편은 수입이 괜찮은 대기업의 간부이고, 비르기트는 결혼하면서 일을 그만두었다.

어느 정도의 좌절감과 약간의 우울한 기분을 제외하고는 '모든 게 정상'이었다. 아침에 가족들 모두 집에서 나가면 집안일을 했고, 언제나 무엇을 먹을까 고민했으며 자주 손님들을 초대했다. 남편은 대부분 늦은 시간까지 일을 했다. 바람을 피우는 것 같지도 않은데 갈수록 비르기트와 함께 있는 시간이 줄어들었다. 일이 그를 잠식해 갔던 것이다.

비르기트는 어쩌다가 자신이 테니스 강사와 사랑에 빠지게 됐는지 모르겠다고 말했다. "정말이지 이성을 잃었어요. 젊어진 기분이 들었어요. 우리는 서로를 너무나 잘 이해하고 있는 것 같았어요."

|유쾌하게 헤어지는 방법 11| 결혼 생활을 하다 보면 '더 이상은 이런 식으로 살 수 없어' 라고 생각하는 상황이 올 때가 있다. 그러나 이런 상황을 잘 넘겨 '큰 이별' 만큼은 피해야 한다. 부부 관계를 유지하기 어려운 상황이 되었다면 다음과 같이 해보기를 권한다.

- 아기를 목욕시킨 물을 버린다고 아기까지 버리지 마라. 즉 감정의 폭풍이 지나갈 때까지 기다려라. 이혼은 언제든지 할 수 있다.
- 대치 상황에서 어떤 대안이 있을까 생각해보라. 그리고 그 대안이 어떤 장점과 단점을 가지고 있는지 분명히 살펴보라.
- 지금까지의 부부 관계를 되돌아보고, 아직 어떤 가능성이 남아 있는지, 그리고 그 가능성을 새롭게 키워나갈 수 있을지 분명히 알아내라.
- 여러분이 변화시키고 싶은 것은 무엇이고, 또 벗어나고 싶거나 벗어나야만 하는 것은 무엇인지 혼자서 또는 배우자와 함께 알아내라.

이렇게 했는데도 이혼밖에 해결 방법이 없다면 아래와 같은 다양한 이별의 시도를 해볼 수 있다.

• 각방 쓰기

같은 집에 살면서 집안의 공간에 변화를 주는 것이다. 자신만의 방을 꾸미거나 잠정적으로 각방을 써라. 거실이나 개인적인 공간들을 분할하고, 상대의 공간을 찾아갈 때에는 노크를 하는 규칙을 만들어라.

• 한시적인 별거

원칙적으로는 계속 한 집에서 같이 산다. 그러나 정해진 시간 동안, 예를 들어 주말이나 휴가 기간, 즉 일주일이나 최대 한 달을 각각 다른 곳에서 보낸다. 그동안에도 서로 연락을 끊지 않고 전화나 메일, 메신저 등으로 자신들의 욕구나 기대를 함께 조율해본다. 함께 지내면서도 서로에게 더 많은 자유를 주는 방법에 대해서.

• 시험 삼아 해보는 이혼

한 사람이 짐을 일부 챙겨가지고 집을 나가는 것이다. 두 사람은 정해진 시간 간격에 따라 연락을 줄여간다. 그렇지만 사회적으로 중요한 일들은 함께 해결한다. 예를 들어, 경제적인 문제, 자녀 돌보기, 가족의 경조사 등. 관계가 회복될 수 있을지 없을지의 전망은 불투명하지만, 잠시 시험 삼아 이혼을 해보는 것은 이혼에 대한 재성찰의 기회가 될 수 있다.

• 일시적인 이혼

별거를 의미한다. 기간은 사전에 상의해서 결정한다. 법적인 이혼

절차를 밟기 전에 풀어야 할 과제가 분명히 있다. 이 기간 동안 그

과제를 해결하면서 이혼에 대해서도 다시 한 번 진지하게 생각해볼

수 있다.

위에서 설명한 이별 방식들은 물론 대략적인 방향만을 제시하

고 있다. 이 방법들은 서로 겹칠 수도 있고 순서가 바뀔 수도 있

다. 부부가 평화적으로 이별하려면 자신들에게 가장 알맞은 이별

방식이 어떤 것인지 분명하게 아는 것이 중요하다.

part 5 혼자서는 아무것도 할 수 없어요

30대의 라르스는 아직도 부모님과 함께 살고 있다. 매일 직장에서 돌아와서는 어머니가 준비해놓은 저녁 식사를 하고 휴식 시간을 보낸다. 그리고 아침에는 역시 어머니가 준비해주는 아침 식사를 하고 어머니가 다림질해놓은 옷을 입고 출근한다. 마치 호텔 같은 어머니의 서비스는 고된 업무에 시달리는 라르스에게 꼭 필요한 것이었다. 편안하고 친숙한데다 무료였기 때문이다. 결혼을 생각한 적도 없었다. 가끔 연애를 하거나 기회가 되면 여자친구와 외출하기도 했지만, 결코 진지했던 적은 없었다. 라르스의 부모 역시 아들을 곁에 두고 싶어 했기 때문에, 그는 '자유롭게' 미혼으로 남아 있었다. 하지만 멜라니와 만나게 되면서 직장, 규칙적인 운동, 부모님의 보살핌이라는 절묘한 생활에 변화가 생기기 시작했다.

멜라니는 라르스와 결혼까지 가고 싶었다. 그러나 라르스와 그의 부모의 관계를 그녀는 도저히 이해할 수 없었다. 라르스와 사귀는 동안 단둘이 식사를 하거나 외출하는 경우는 거의 없었다. 라르스는 여가 시간을 대부분 집에서 부모와 함께 보냈기 때문이었다. 멜라니는 화가 나기 시작했고 라르스가 미숙아는 아닌지 고민하기 시작했다. 하지만 그와 헤어지고 싶지 않았기에 조치를 취해야 했다.

멜라니는 라르스가 자신에게 시간을 내주지 않는 이유가 자신이 매력적이지 않기 때문은 아닌지 자문해보았다. 하지만 그것이 결정적인 이유가 못 된다고 그녀는 확신할 수 있었다. 확신이 서자 멜라니는 라르스의 생활에 침투하기 시작했다.

둘이서 함께 식사하는 시간을 만들고, 그와 함께 운동을 했으며 일요일에도 함께 지냈다. 무조건 자신을 봐달라고 투덜거리는 대신 그와 함께 새로운 관계의 문화를 만들어간 것이다.

문제가 없지는 않았다. 그의 어머니는 자신에게 시간을 내주지 않는다고 아들에게 불평했고, 라르스는 양심의 가책을 느끼며 멜라니와 어머니 사이를 왔다 갔다 했다. 라르스가 힘들어하자, 멜라니는 라르스와 함께 여행을 준비하고 여가를 함께 보내며 각자의 친구들뿐만 아니라 두 사람 모두의 친구들을 만들었다.

한편, 새로 사귄 친구들에게서 마마보이라는 놀림을 받고 라르스도 자신의 상태를 자각하기 시작했다. 라르스는 부모님 집에서 나와 멜라니와 함께 살 집을 구하고 가구들을 장만했다. 라르스에게 이것은 하나의 모험이었다. 제대로 한 여자와 함께 살려고 마음먹은 것은 멜라니가 처음이기 때문이었다. 물론 멜라니에게도 그다지 쉬운 일은 아니었다.

| 유쾌하게 헤어지는 방법 12 | 라르스가 성인 남성으로서의 삶을 시작하고 편안했던 아들 역할에서 벗어날 결심을 하게 된 것은 멜라니 덕분이었다. 그러나 라르스와 멜라니는 한동안 매우 조심해야 할 것이다. 그들이 주의해야 할 점은 아래와 같다.

- 함께 사는 동안 멜라니가 엄마처럼 늘 앞장서서 모든 활동이나 살림살이를 담당할 것이라는 기대를 라르스가 하지 않도록 해야 한다. 멜라니가 자신의 생활을 희생하면서까지 그가 편안하게 생활하게 해서는 안 된다.
- 때늦은 독립으로 인한 갈등과 불안감이 계속 라르스를 괴롭힐 것이다. 라르스의 앞에는 아직도 작은 이별들이 많이 남아 있다. 예를 들면 자신의 희망을 최우선으로 생각하는 마음이나, 가사를 다른 사람에게 맡기는 일 등과 이별해야 한다.

생활 스타일이나 관계의 유형은 시대의 흐름에 따라 다양하게 변화한다. 성인이 되면서 부모에게서 경제적으로나 정신적으로 완전히 독립하는 사람이 있는가 하면, 직업을 가지고 있으면서도 계속해서 '엄마 아빠'와 함께 살면서 삶의 책임을 부모에게 떠맡기는 사람도 있다. 부모에게는 어쨌든 이들 모두 자식이므로 감쌀 수밖에 없다.

사람들은 성인이 되면서 아이로서의 역할에서 벗어나야 할 과제와 선택을 가진다. 일반적으로 성공적인 홀로서기의 첫걸음은 사춘기에 이루어진다. 하지만 요즈음은 이 시점이 갈수록 늦춰지는 것 같다. 어른이라는 책임에서 일시적으로 벗어나고자 하는 많은 젊은이들이 부모의 신세를 지려고 하는 것이다. 그러나 오랫동안 아들이나 딸의 역할로만 남게 되면, 성인으로서 자신의 삶을 독립적으로 조정해가는 법을 배우지 못한다. 늘 부모의 도움을 바라는 마음을 갖기 때문이다.

이런 현상을 이른바 트윅스터 신드롬[5]이라 하는데, 20대 후반이나 30대가 되어도 부모와 함께 사는 이들은 경제적인 면뿐만 아니라 일상생활 면에서도 부모의 도움을 받는다. 예를 들면 어머니가 성인이 된 자녀를 위해 요리와 세탁, 청소를 해주는 것이

---

5 '트윅스터twixter'는 행동생물학에서 발달 부족으로 적당한 시점에 둥지를 떠나지 못하는 어린 동물을 가리키는 용어다. 그 후, 사회과학에서 성인이 된 후에도 부모와 함께 사는 젊은이들을 가리키는 용어로 사용하면서 일상적으로도 사용되었다. 물론 이런 현상에는 청소년기와 성인기의 완충기인 대학 진학 기간과 비용이 증가하고, 대학 졸업장을 가지고도 변변한 직장을 잡지 못하는 상황에서 경제적으로 부모에게 의존할 수밖에 없는 현실도 기여하고 있다.

다. 보통 트윅스터 신드롬은 가정에서 딸보다 더 많은 자유를 누리는 아들들에게 더 많이 나타난다. 연구 결과에 따르면, 부모와 함께 살고 있는 젊은 남성들 중 소수만이 자신의 가정을 꾸리는 문제, 자신만의 살림, 가족, 직업 등에 대해 고민하고 있었다. 생활비, 가사 분담과 같은 골치 아픈 문제들에 몰두하고 싶지 않은 마음 등이 부모의 집에서 독립하는 시기를 늦추고 있는 것이다.

2006년 할리우드에서는 트윅스터를 주제로 〈달콤한 백수와 사랑 만들기Failure to Launch〉라는 영화를 만들었는데, 라르스와 멜라니의 경우와 매우 비슷하다.

운동으로 단련된 멋진 외모와 완벽한 직업까지 가지고 있는 30대 중반의 주인공은 부모님과 함께 살고 있다. 그의 어머니는 아들의 옷을 다림질해주고, 그의 방을 깨끗하게 청소해준다. 반면에 아들은 달콤한 인생을 영위한다. 그러나 현실에서와는 다르게 이 영화 속의 부모는 독립적이지 못한 아들에 대해서 심각하게 걱정하고 있다. 그리하여 남자 길들이기 컨설턴트인 폴라에게 아들을 의뢰한다.

보통의 할리우드 영화처럼 이 영화도 동화처럼 끝이 난다. 독립하려는 의지가 없는 아들은 아름다운 폴라와 사랑에 빠지게 되고 그녀 역시 그를 사랑하게 된다. 하지만 이 영화는 관객들에게 건전한 관계에 대한 꿈만을 갖도록 내버려두지 않는다. 동화 같은 결말에는 많은 소란이 뒤따른다는 것을 암시하는 것이다. 자신의 셔츠나 식사 준비, 청소 같은 일상생활에 신경 쓰기보다 친구들과 운동하러 가기를 더 좋아하던 주인공이 마침내 어머니의 치맛자락을 놓고 낯설고 편치 못한 성인의 세계로 들어가기로 결정한다. 영화에서는 해피엔드 후에 부모와의 결별로 인해 생길 갈등은 볼 수 없다. 하지만 분명히 힘든 도전이 될 것이라는 사실을 충분히 상상할 수 있다.

part 6

그 사람과 나는 맞지 않아요

레나와 플로는 대학 졸업 즈음에 사귀게 되었다. 아름답고 활달한 레나는 인기가 많았으나 자신에게 관심을 보이지 않은 유일한 남성인 플로를 선택했고, 서로의 다름에 끌린 두 사람은 곧 사랑에 빠졌다. 그러나 둘의 관계는 이상하게도 점차 삐걱거리게 되었다. 플로가 레나를 잘 만나주지 않았고, 주말에도 늘 가족에게 갔기 때문이었다. 레나는 혹시 마마보이와 사귀게 된 것은 아닌지 당황스러웠다. 그래서 멜라니처럼 레나도 플로가 그의 부모 집에 갈 때 같이 가기 시작했다. 그 집에서 레나는 자신의 눈을 의심할 수밖에 없었다. 플로는 말 잘 듣는 아들로 변해 10대처럼 행동하고 있었고, 그의 부모는 그런 플로를 보살펴주고 칭찬하는 데 여념이 없었던 것이다.

　더 큰 문제는 플로가 레나의 가족을 만났을 때 일어났다. 플로는 레나의 가족 중에 남자들, 특히 레나의 남자 형제들과 논쟁을 벌이며 싸웠다. 점점 레나는 플로를 자신의 친구들이나 가족들에게 소개시키기 힘들었다. 그런 후에는 꼭 싸웠기 때문이었다. 그렇다고 두 사람만의 시간을 가지는 것도 아니었다. 그는 늘 공부를 해야만 하거나, 아니면 그녀가 비아냥거리며 말하듯이 "어머니를 지켜야" 했기 때문이었다.

멜라니의 경우와는 다르게 플로를 길들이려는 레나의 노력은 모두 실패로 돌아갔다. 그녀의 오빠들과 친구들은 그녀가 왜 그렇게 오랫동안 그와 헤어지지 못하는지 이해하지 못했다. 레나는 점차 좌절하게 되었다. 그들 사이에는 분명히 서로 끌리는 것이 있지만, 어딘가 모르게 맞지 않는 것 같았다. 하지만 그녀는 헤어질 수도 없었다.

| **유쾌하게 헤어지는 방법 13** | 앞의 이야기에서 여러분은 상대방이 자신의 욕구를 알 수 있으리라는 부당한 기대나 과거에 충족되지 못한 소원을 지금의 배우자에게 바라는 것이 좋은 관계를 유지하는 데 걸림돌이 될 수 있음을 보았다.

하지만 레나와 플로에게는 둘의 관계가 갈수록 파국으로 치닫는 또 다른 원인이 있었다. 상담 중에 레나와 플로의 서로 다른 출신 배경과 가족 유형을 비교하면서, 두 사람의 접점이 어디에

있는지 그리고 두 사람이 상대방의 사회적 습관들을 어떤 점에서 이해하지 못하고 끊임없이 무의식적으로 서로에게 매정하게 대했는지 분명해졌다.

레나는 개방적인 가정에서 성장했다. 그녀의 오빠들은 여자 친구들을 집에 자주 데리고 왔고, 어머니와 새 아버지는 대화 나누는 것을 좋아해서 가족들과 파티도 자주 열었다. 레나가 어렸을 때 가족을 떠난 친아버지는 새 가족과 함께 베를린에 살았고 레나는 정기적으로 아버지와 아버지의 새 가족을 방문했다. 이러한 그늘진 가족사 때문에 레나는 오빠들과 친아버지, 그리고 새 아버지의 관심을 받기 위해 자신이 특별히 노력해야만 한다고 생각하게 되었다. 그녀는 늘 똑똑하거나 재미있는 사람이 되려고 애썼다. 그리고 자신이 좋은 평가를 받지 못할까 늘 걱정했다. 사실 그런 염려는 할 필요가 없었다. 그녀는 항상 인기가 있었기 때문이다.

그와 반대로 플로는 작은 마을에서 좁은 관계 속에 자랐다. 그의 아버지는 지나칠 정도로 바쁘게 일을 했기 때문에 플로와 어머니에게 많은 시간을 할애하지 못했다. 행사가 있을 때마다 어머니와 동행한 사람은 플로였다. 친구들과 함께 하는 일은 거의 없었다. 다른 사람과 달리 오로지 그에게만 관심을 쏟는 어머니와 함께하는 것이 더 좋았던 것이다. 어머니와 항상 함께하면서 그는 대학에서 또래들과 어울리기 힘들었고, 오히려 나이가 많은 학생들이나 어른들을 찾아 사귀게 되었다.

이러한 두 세계가 만나게 된 것이었다. 레나와 플로는 서로의 다른 점들에 끌렸다. 즉 플로는 레나의 활발함에, 그리고 레나는 플로에게서 풍기는 조용함과 집중력에 끌렸다. 하지만 이 두 세계의 차이점에 대해서 그들은 서로 의견을 교환한 적이 없었고, 위기가 찾아왔을 때 각자 상대방에게 오해와 버림을 받았다고 생각했다. 플로는 레나의 모든 관심이 자기에게 집중되기를 기대했고, 일상적인 교제나 친구들, 파티, 휴가 등 그 나이에 맞는 것들은 모두 거절했다. 그러지 않으면 레나의 관심을 독차지하지 못할 것이라고 생각했기 때문이다. 그녀는 그와 함께 사교적인 모임에 가서 다른 사람들과 함께 재미와 기쁨을 누리고 싶어 했다.

이처럼 서로 다른 성장 배경은 두 사람의 관계에 있어서 서로의 이해를 넓혀줄 수도 있지만, 서로의 성장 배경을 인식하지 못하거나 이해하지 못하면 엄청난 장애로 작용할 수 있다. 물론 이런 경우에는 갈등을 극복하기 위해서 자기에게 영향을 끼친 성장 배경에 대해서 한 번쯤 생각해볼 필요가 있다. 가장 중요한 관계는 자신의 가족에게서 형성되기 때문이다.

레나와 플로의 관계와 비슷한 상황에 있는 사람들은 어떻게 해야 할까?

두 사람 각자 지금까지 살아오면서 어떤 상황에서 가장 편안함을 느꼈는지에 대해 서로 이야기를 나눠볼 수 있다. 이들은 먼저 다음과 같은 물음에 답해야 한다. '내 맘에 드는 것은 무엇인가?' '내가 싫어하는 것은 무엇인가?' 그런 다음에 상대방의 사교 방식 중에 어떤 것이 맘에 들고 어떤 것이 낯선지, 그리고 상대방이 도와준다면 호기심을 갖고 낯선 상대방의 세계를 한번 경험해볼 용의가 있다는 사실을 알려준다.

플로와 레나는 함께 무엇을 해서 성공한 적이 없었다. 자신이 좋아하는 것은 상대방도 좋아할 거라고 단순하게 생각했기 때문이었다. 많은 연인들이 관계의 초기에 그런 경험을 한다.

- 두 사람은 각자의 차이에 대해 의식하고 앞으로 그 차이를 무시하는 말을 하지 않기로 결심해야 한다. 사람들은 아무 생각 없이 다음과 같이 상대를 무시하는 경우가 자주 있다. "맙소사, 너에게는 천박한 친구들만 있군!" "왜 네가 항상 중심에 있어야만 하지?" 상대방의 행동 방식이 낯설게 느껴질 때 사람들은 상대방에 대해 쉽게 공격적으로 반응하게 된다.
- 관계를 계속 유지하고 싶다면, 일주일씩 각자의 스타일대로 살아보자고 파트너와 약속을 해보자. 이때 부정적인 말이나 상대를 무시하는 말을 하지 않는 것이 중요하다.
- 실험이 끝난 뒤에 무엇이 맘에 들었는지, 무엇이 힘들었는지, 이를 통해서 서로 더 많이 이해하게 되었는지 이야기해본다. 어쩌면 흥미로운 대화를 통해 새로운 시각을 가지게 될지도 모른다.

- 이런 노력에도 불구하고 둘의 차이를 극복할 수 없음을 알게 되는 경우도 있을 수 있다. 그럴 경우에는 전문가의 도움을 받아야 할지, 아니면 결별해야 할지 결정해야 한다.

  레나와 플로에게로 돌아가자. 이들은 자신들이 선호하는 것에 대해서 함께 이야기를 나누고 일주일씩 상대방의 스타일대로 생활해보기로 했다. 실험이 끝난 후 레나는 아주 중요한 사실을 깨닫게 되었다. 플로뿐만 아니라 친구들과 가족들, 그리고 사회적 친분 관계 모두가 그녀에게 포기할 수 없는 중요한 것임을 알게 된 것이다. 플로의 스타일대로 살아보는 일주일 동안 그녀는 정말 열심히 노력했다. 그리고 아무도 자신에게 관심을 보이지 않을 때에는 자신의 존재 가치에 의심을 품었다. 그 경험에서 그녀는 어렸을 때 오빠들의 손을 잡고 친아버지를 방문했던 기억을 떠올렸다. 그때 그녀는 자기가 거추장스러운 존재라는 느낌이 들었다. 추측컨대 그 경험에서 그녀는 자신이 항상 매력적인 존재이어야 하고, 항상 다른 사람들의 맘에 들어야 한다는 것을 배운 것 같았다. 그것을 알게 되자 그녀는 슬퍼졌고 어딘가 모르게 화도 났다. 그리고 앞으로 계속 애쓰고 싶은 생각이 들지 않았다.

  그녀는 현재의 상황을 주시하면서 자신의 친구들은 무엇을 중요하게 여기는지 조금 더 관찰해보기로 결심했다. 외부로 눈을 돌려 냉정하게 바라보자 전에는 재미없어 보였던 사람들 중의 몇 사람이 재미있는 사람들로 느껴지기 시작했다. 비록 그녀가 재미없고 사소한 것을 이야기하더라도 그녀의 말에 귀를 기울여주는 사람들이 있었다.

이처럼 레나가 자신의 옛 신념들과 결별함으로써 자의식을 계속 발전시킬 수 있고 자신의 약한 면을 다스린다면, 플로와 헤어지는 일은 없을 것이다.

한편, 플로는 실험 과정에서 자기 자신과 싸워야만 했다. 그리고 자신이 다른 사람들과 얼마나 격리되어 있는지, 그리고 자신이 다른 사람들에게 얼마나 차갑게 대하는지 알게 되었다. 이러한 깨달음이 너무 괴로웠던 나머지 그는 재빨리 보호본능을 발휘해서 자신의 영역으로 되돌아갔다. 자신의 목표를 잊지 않고 '잡생각'에 시간을 할애할 생각이 없다는 듯 그는 공부에만 전념하는 듯 보였다. 그러나 마음속으로는 레나를 더 많이 이해해주지 못한 자신에게 크게 실망하고 있었다. 하지만 이 사실을 레나에게 고백하고 싶은 생각은 없었다.

반면 레나는 어린 시절의 강박관념과 이별하기 시작하면서 홀가분해졌다. 플로가 자신의 가치관에 맞춰주지 못하고 그녀에게 다가올 마음의 준비를 하지 않는다는 사실은 슬프지만, 레나는 여전히 그를 좋아한다.

두 사람의 관계가 어떻게 될지는 아직 불투명하다. 어쨌든 레나는 더욱 자신의 문제에 신경을 쓰고, 자신과 자신의 반응들을 관찰하며, 다시 친구들에게 관심을 쏟고 있다. 물론 그녀는 플로와의 관계가 계속될 수 있기를 바라고, 또한 자신의 때늦은 작은 이별이 효과를 발휘해서 그와 헤어지지 않기를 바라고 있다. 특히 그녀가 그의 행동으로 인해 마음의 상처를 받을 때면 그런 생각을 더 많이 하게 된다. 그녀는 시간을 두고 최종적으로 자신에게 가능한 것이 무엇일까 찾아보려고 한다.

part 7 　아이가 집에만 있어요

성인이 되어도 독립하려 하지 않는 자녀들을 둥지에서 내치려고 전문가를 고용하는 희귀한 부모는 앞에서 언급한 영화 〈달콤한 백수와 사랑 만들기〉에만 있는 것은 아니다. 실제로도 독립할 수 있는 자녀가 부모의 집을 떠날 생각을 하지 않을 경우 부모들은 친구들이나 상담소에 도움을 청한다.

　50대 초반인 울라는 남편과 함께 여행을 하거나 문화생활을 즐기는 것을 좋아하는 평범한 주부다. 그런데 울라에게는 고민이 있었다. 서른이 넘었지만 아직도 자신들과 함께 살고 있는 아들 때문이었다. 아들은 작지만 잘 나가는 회사를 가지고 있는데, 그 회사의 사무실은 울라의 집 지하에 있었다. 아들은 10대처럼 부엌, 화장실, 방 등을 옮겨 다니면서 온 집안에 자신의 흔적을 남겨놓았다.

그런 아들을 보살피는 것이 힘들었지만, 울라는 습관적으로 모두 해주었다. 아들은 심지어 여자 친구를 집에 데리고 오기도 해서, 울라는 그 뒤치다꺼리까지 해주어야 했다. 그녀는 자신이 이용당하고 있다는 기분이 들어 불쾌했지만, 좋은 말로는 아무런 효과가 없었다.

결국 그녀는 아들에게 나가달라고 직접 말하기로 결심했다. 하지만 자신이 정말로 아이를 둥지 밖으로 내칠 수 있을지 확신이 없었다. 그런데 놀랍게도 아들은 그녀의 제안을 아주 쉽게 받아들이고 즉시 나갈 집을 찾아보기로 약속했다.

아들이 나가면 처음에는 분명히 마음이 아프겠지만 울라는 아들 없는 삶을 누릴 희망에 젖었다. 아들이 독립해 나가면 아들이 쓰던 방을 자신을 위해 꾸며야겠다는 생각도 했다. 그렇지만 약간 양심의 가책도 느꼈다. 아들을 냉정한 세상으로 내칠만큼 이기적이고 무정한 어머니라는 생각도 들었던 것이다.

| 유쾌하게 헤어지는 방법 14 | 나는 울라에게 이 상황을 한 번 더 객관적으로 바라볼 것을 조언했다. 이를 통해 그녀는 아들에게서 지금까지와는 아주 다른 모습을 보게 되었다. 아들은 이기적으로 그녀를 부려먹고 있었던 것이다. 전에는 아들의 이런 행동을 울라도 귀엽게 받아들였다. 아직도 자신이 '버릇없는 아이의 어머니' 라고 생각하고 있었던 것이다.

이처럼 많은 어머니들이 아이들의 홀로서기를 걱정해서라기보다는 활동적으로 아이들을 보살펴주는 어머니라는 존재감을 통해 노인이 된다는 허무함이나 불안감을 잊으려 한다. 그럼으로써 젊음이 지속될 것이라는 환상을 유지시키는 것이다. 그러나 그렇게 둥지에 머물고 있는 자녀들이 언제까지나 험한 세상에 나가지 않고 편안하게 있을 수 있을까.

언젠가는 자녀들도 부모의 집에서 나가야 한다. 뒤늦게 부모의 집에서 나간 자녀들은 뒤늦은 홀로서기에 적응하느라 더 힘들어할 수 있다.

그리고 다른 사람들이 모두 할아버지, 할머니가 된 후에야 비로소 자녀들을 내보낸 부모에게는 갑자기 생이 얼마 남지 않았다는 허무함과 두려움이 심해질 수 있다.

빈 둥지 증후군

이른바 '빈 둥지 증후군Empty-Nest-Syndrom'에 대한 연구 결과가 있다. 막내아이가 부모의 곁을 떠나는 것에 대한 부모의 반응을 조사한 것이다. 이때 부모들이 익숙했던 가족 생활을 잊는 데 10~18개월이 걸린다는 사실이 확인되었다. 이와 동시에 부모들은 다시 부부로서 서로 관계를 맺고 새로운 생활을 함께 해나가는 법을 배워야만 한다. 이 시기에 가벼운 우울증이 찾아오는 경우도 있다. 그러나 부모가 새로운 인생을 준비하면서 다른 관심 분야를 찾는다면, '빈 둥지'의 시기는 보다 쉽고 빠르게 극복될 수 있을 것이다.

part 8   간섭에서 벗어나고 싶어요

독립하고 싶어 하지 않는 자식 때문에 고민하는 부모만 있는 것
은 아니다. 자식을 집에서 내보내지 않으려는 부모 때문에 고민
하는 자식들도 많다.

율리아는 부모가 성인이 된 자녀들을 떠나지 못하게 하는 데
는 경제적인 이유도 있다고 말한다. 율리아의 아버지는 대가족을
위해 집을 확장했지만 성장한 자녀들은 차례차례 집을 나갔다.
혼자 남게 된 율리아는 지금까지 형제들이 살던 방을 대학생들에
게 세를 주고, 자신은 집을 관리하는 일을 떠맡았다. 부모와 함께
살면서 보호받고 있다는 느낌도 있었지만 감시받고 있다는 기분
도 들었다. 그녀도 다른 형제들처럼 자신만의 집을 갖고 싶었다.

| **유쾌하게 헤어지는 방법 15** | 그녀는 이사를 준비하기 시작했다.

율리아는 아버지에게 자신의 방을 다른 사람에게 세를 주고 거기에서 나온 방세를 자신이 쓰겠다고 제안했다. 그 외에 모자라는 돈은 일주일에 한 번씩 아르바이트를 해서 충당하겠다고 말했다. 아버지는 일단 그녀를 말렸다. 그는 자녀들을 위해 집을 개조한 것이지 "모두 떠나라"고 한 것이 아니라며 하소연했다. 율리아는 아버지의 말에 양심의 가책이 들었다. 게다가 대학생인 그녀는 아직 경제적으로 아버지의 도움을 받아야 했기 때문에 원망스러웠지만 이사를 포기했다. 그러나 완전히 포기한 것은 아니었다. 돈을 모아서 언젠가는 부모의 집에서 나가겠다고 단단히 결심했다.

수자는 부모의 곁을 떠나는 것과 관련해서 매우 기이하게 여겼던 일 하나를 이야기했다.

몇 학기 전부터 그녀는 학교가 있는 도시에서 살고 있는데, 부모와 함께 살던 자기 방에서 몇 가지 가구를 그곳으로 가져왔다. 최근에 가져온 것은 옷장이었다. 그런데 그녀가 이번에 집에 갔을 때, 예전에 자신이 쓰던 방에 새 장이 있는 것을 발견했다. 그 속에는 부모의 물건들이 보관되어 있었다. 그 외에도 그녀가 사용하던 물건 몇 가지의 위치가 바뀌거나 아예 사라지고 없었다. 부모는 자녀들이 이사를 나간 후에 자신들의 영역을 다시 정복한 것이 분명했다. 처음에 수자는 약간 슬펐다. 이제 궁극적으로 성인이 되었고 '이제는 예전처럼 집에 올 수 없다' 는 느낌이 들었기 때문이다. 그녀는 작은 이별을 분명하게 느낄 수 있었다.

그녀의 말 속에는 새로운 생활 스타일이 이미 오래 전부터 나타나고 있었다. "내가 자취방에 가는 것을 '귀가heim' 한다고 말하고, 주말에 부모님에게 가는 것을 '집으로nach Hause' [6] 간다고 말하면 친구들은 이상하게 생각해요. 언젠가는 '부모님을 방문할 거야' 라고 분명하게 말할 겁니다."

---

[6] 독일어 heim과 nach Hause는 모두 '집으로' 라는 뜻을 가지고 있다. 그럼에도 불구하고 화자가 구분해서 말한 것은 heim에는 영어의 home과 같이 자택이라는 의미가 있기 때문이다—옮긴이.

Chapter Four

직장에서 이별하는 법

시간에 순응하라, 너의 자리를 채우라.
그리고 마음 편하게 그 자리를 치우라.
대신할 것이 없지 않다.

프리드리히 뤼케르트

```
 I
QUIT
```

직장에 다니는 사람들은 깨어 있는 시간의 거의 3분의 2를 직장에서 보낸다. 그렇기 때문에 화분을 갖다놓거나 책상에 가족의 사진을 놓아두는 등, 사무실을 약간 집처럼 꾸며놓으려고 하기도 한다. 직장에서도 집과 같은 분위기를 느끼려는 너무나도 인간적인 이런 노력은 직장 동료와 상사와의 관계에도 영향을 미치고 좋은 분위기를 만들기도 하지만, 경우에 따라서 기대하지 않았던 문제들을 일으킬 수도 있다.

부부 관계처럼, 직장에서도 업무 외의 아주 사적인 기대들로 인해 스트레스를 받을 때가 많다. 어렸을 때 부모에게서 인정받지 못했던 자신의 소원들을 상사에게 인정받음으로써 충족시키려는 것이다. 이러한 무의식적인 기대들은 직장에서 한동안 갈등 없이 작동될 수도 있지만, 외부에서 새로운 요구나 변화의 필요성이 제기되면서 갈등이 생긴다. 직장은 여러 가지 이별과 관련된 갈등이 일어나기 쉬운 곳이다. 그곳에는 끊임없이 끝내기, 이별, 새로운 시작이 나타나기 때문이다.

동료의 사직과 새로운 직원의 입사로 회사 내 권력 구도가 새롭게 개편됨으로써 회사 내 자신의 위치에 변화가 올 수도 있으며, 승진이나 직장을 옮기는 일, 심지어 강등되는 경우도 있다. 게다가 회사 자체가 문을 닫거나 해고를 당할 수도 있다. 하지만 사직이나 직장 폐쇄, 해고와 같은 심각한 위기만 직장 생활에 영향을 끼치는 것은 아니다. 끊임없이 헤어지고 놓아주고 새로 시작하는 수많은 작은 일상적 갈등들도 직장 생활에 많은 영향을 끼친다.

예를 들면 새로 온 직원이 자신의 업무를 자신보다 훨씬 더 효과적으로 해냄으로써 열등감을 불러일으킬 수 있다. 또한 회계 업무를 아웃소싱으로 처리하면서 자신의 업무가 불필요해질 수도 있다. 이뿐만이 아니다. 사람들은 자신이 직장에서 끊임없이 비판받고 있다고 느끼며, 사장이 특정인을 좋아하거나 좋아하지 않는다고 생각한다.

이처럼 직장에서 예기치 않게 일어나는 일들에 대응하기 위해서도 이별 능력이 필요하다. 특히, '아니요' 라고 말하는 것이 억압되고 부정되는 환경에서 성장했다면, 반드시 이별 능력을 발전시켜야만 한다.

이 장은 직장 생활 중에 요구되는 변화들을 해결하는 이야기를 다루고 있다. 이 이야기들에서도 여러분의 직장 생활에 도움이 될 만한 정보를 얻을 수 있을 것이다.

part 1

언젠가는 완벽한 직장이 나타날 거예요

제시카는 3년 전에 학부 과정을 마쳤지만 아직도 취업을 하지 않고 있다. 그렇다고 진지하게 회사에 지원서를 내는 것도 아니다. 그녀는 계속 대학에 등록을 한 상태로 전혀 관심도 없는 다른 학과에서 '만약을 대비한 사이비 학업'을 하고 있다. 언제까지 그런 상태로 있을 거냐는 질문에 그녀는 "언젠가 꿈의 직업이 나타날 때까지요"라고 기분 좋게 대답했다.

물론 제시카가 전혀 돈을 벌지 않는 것은 아니다. 그녀는 가끔씩 아르바이트를 하기도 한다. 시간이 많다는 이유로 주변 사람들이 맡기는 여러 가지 귀찮은 일들을 해주고 약간의 수고비를 받는 것이다. 예를 들어 어머니가 휴가를 가는 동안 집과 정원을 돌본다든가 남자 친구가 출장을 간 사이 남자 친구의 화분, 금붕어, 편지 등을 관리하는 것이다. 꿈의 직장을 찾지 못하고 주위 사람들의 자질구레한 일들을 해주면서, 그녀는 점점 자신감을 잃어갔다. 친구들은 대부분 직장을 다니기 때문에 그녀의 하소연을 들어줄 시간이 없었다. 게다가 친구들 중 일부는 꿈의 직장을 찾는 그녀에게 오만하다고까지 말했다.

학생들에게 수업료를 받는 새로운 법률[7] 때문에 학비를 감당하지 못하게 되어서야, 제시카는 대학생이라는 신분에서 벗어날 생각을 하고 상담을 받게 되었다. 대학생 신분과의 작은 이별은 그녀의 인생에 생각보다 많은 일들을 일으켰다.

｜유쾌하게 헤어지는 방법 16｜ 비록 경제적 압박으로 강요당한 것이지만, 제시카는 대학생 신분과 이별함으로써 인생에 대한 다른 시각을 갖게 되었고, 어떤 직업을 가질까 생각해볼 기회를 갖게 되었다. 믿을 수 없을 만큼 짧은 시간 안에 그녀는 자신의 상황을 여러 면에서 변화시켰다. 먼저 어머니의 간섭과 자질구레한 부탁에 선을 긋기 시작했고, 남자 친구에게는 이제 자신이 모든 일을 할 수 있는 한가한 여자가 아니라는 점을 보여주기 시작했다. 이런 변화는 물론 갈등을 일으켰고, 여러 가지 갈등을 겪은 그녀는 주위에서 맡겨지는 하찮은 일

---

7 과거에는 독일 대학에서 등록금을 받지 않았으나, 최근에는 주州에 따라 학기 당 약 300~500 유로 정도를 받는 경우도 있다―옮긴이.

을 하기보다는 꿈의 직업이 아니더라도 자신의 능력과 욕구에 맞는 일을 찾는 것이 낫다고 생각하게 되었다.

여러 군데 지원을 하고 면접을 보고 떨어지는 과정을 겪으면서, 제시카는 친구들에게 조언을 구하고 주목을 받을 수 있도록 자신을 소개하는 법 등을 익혔다. 그리고 몇 번의 실패 끝에 비록 계약직이지만 취직을 하게 되었다. 예전 같았으면 거절하고 평생이 보장되는 꿈의 직장을 기다렸을 터였다.

경제적 어려움 때문에 조금은 강제적으로 여대생의 역할에서 벗어나게 된 것이 결국은 제시카에게 초보 직장인이라는 새로운 정체성에 익숙해질 기회를 준 셈이었다. 그럼으로써 자신의 목표인 꿈의 직장을 찾을 때까지 여러 경험을 하게 될 것이 분명하다.

그 사이에 제시카는 계약직 경력과 작은 프로젝트를 성공적으로 수행한 것을 인정받아, 조금 더 큰 회사에서 월급이 많은 정규직 제안을 받게 되었다. 꿈의 직업에 한 발 더 가까이 다가가게 된 것이다.

part 2 **직장에서 밀려난 것 같아요**

레기네는 큰 의류 회사의 중간간부로, 입사하면서부터 사장 직통
으로 일하고 있었다. 최신 유행에 민감하고 업무 조율 능력이 뛰
어난 레기네를 전적으로 신임한 사장은 몇몇 부서에는 사장 대신
지시를 내리게 하는 등, 많은 특권을 주었다. 이 때문에 그녀는
다른 직원의 시기를 받기도 했다.

　그런데 갑자기 교통사고를 당하게 되면서 레기레는 몇 달간
회사를 쉬어야 했다. 석 달 뒤 회사에 복귀했을 때는 많은 것들이
달라져 있었다. 아버지 같았던 사장이 다른 자회사로 옮겨가고,
레기네 또래의 젊은 신임 사장이 오면서 구조조정이 진행되었던
것이다.

　신임 사장은 가능한 모든 일을 알아서 처리하려 했다. 전임자
처럼 레기네의 도움을 필요로 하지 않았던 것이다. 신임 사장은

지금까지의 레기네의 성과를 인정하고, 그녀에게 부서장이라는 직책을 주었다. 그러나 형식적으로 승진되었음에도 불구하고 정서적으로는 추락한 기분이었다. 사장의 신임을 받는 중요한 인물이었던 그녀가 갑자기 다른 사람들과 다를 바 없는 평범한 직원이 된 것이다. 분노와 혼란에 빠진 그녀는 위기의식을 갖게 되었다.

한편, 신임 사장에게도 레기네는 뜨거운 감자 같은 존재였다. 레기네는 높은 능력을 가진 전문 인력이었지만, 구조조정을 거친 뒤에는 굳이 필요하지 않았다. 그래서 그녀를 이전에 하던 일과는 다른 일을 하는 부서로 보냈고, 이는 그녀의 자존심에 큰 상처를 주었다. 새로운 상황에 불만을 품은 그녀는 동료 직원들과 사장에게 무의식적으로 권한 밖의 행동을 했다. 상의 없이 결정을 내렸고 상사의 허락 없이 부하 직원에게 지시를 내렸다. 이는 회사에서 많은 문제를 일으켰고, 레기네는 해고당할 위기에 몰렸다.

| 유쾌하게 헤어지는 방법 17 | 레기네는 공주에서 평민으로 전락한 셈이었다. 하지만 그녀는 그 원인을 밝히려고 노력하지 않았다. 자신이 노력하는 대신 누군가가 자신을 고통스럽게 만드는 장애를 없애주기만을 기대했던 것이다. 레기네는 무의식적으로 회사 내에서 아버지 같은 뒷받침을

기대하고 있었으며, 자신의 문제는 스스로 해결해야 한다는 사실을 쉽게 받아들이지 못하고 있었다.

레기네가 다시 만족감을 가지고 자신의 일에 전념하고 신임 사장 아래에서도 좋은 팀워크를 발휘하려면, 자기 자신을 어떻게 변화시켜야 할까?

- 레기네는 예전의 가족 같던 사장이 없어진 슬픔과 고통을 스스로 다스리고 극복해야만 한다. 다른 사람을 원망하지 말고 과거의 상황에서 벗어나서 구조조정이라는 현실적 변화를 받아들이는 법을 배워야 한다.
- 대안으로서 다른 회사를 찾아보는 것도 생각해볼 수 있다. 하지만 지금의 직장과 동료 직원들이 마음에 든다면, 다른 시각을 가지고 새로운 직책의 장점을 찾아내야 한다.
- 새로운 직책과 환경을 받아들이는 것이 쉽지 않았던 그녀는 맞서 싸우는 방법을 택했다. 이럴 때에는 맞서 싸우는 것보다 주변 사람들과 이야기를 나눠보는 것이 좋다. 레기네의 남편은 직장에서의 그녀의 상황을 잘 이해해주었다. 남편도 같은 상황에 처한 적이 있었기 때문이었다.
- 변화가 어렵다면 현재 상황을 분석하기 위해, 자신의 성장 과정에 시선을 돌려보는 것이 좋다. 어쩌면 예전에 이와 비슷한 상황이 있었을 수도 있다. 그리고 당시에 어떤 기분이었는지, 그때 어

띤 상처를 받았고 어떻게 해결했는지 스스로에게 물어본다.

　　레기네는 결혼하기 전까지 아버지의 귀여움을 독차지하는 딸이었다. 언니들은 그런 레기네를 시기했지만, 아버지는 항상 그녀의 편이었다. 그러나 아버지가 돌아가시면서 어머니는 오빠에게 의존하기 시작했고, 그녀는 다른 형제들처럼 똑같은 자식이 되었다.

　　그녀의 마음속에는 아버지와의 특별했던 관계를 잃은 상실감이 아직도 남아 있었다. 그래서 직장에서 비슷한 상황이 일어나자, 그 상심이 헤아릴 수 없을 만큼 커져간 것이다. 이를 깨달은 레기네는 언니들과의 예전의 갈등이 현재 직장에서 어떻게 재연되고 있는지 주목해보고 해결 방법을 찾기로 했다.

　　이때 유용한 방법은 다음과 같다.

・현재 상황과 과거 상황의 유사점을 찾아보라.

・책임을 과거에 전가시킴으로써 변명하면 안 된다. 즉 '예전에도 그랬으니까 지금도 어쩔 수 없어'와 같은 옛 자화상과 결별하고 즉각 방법을 찾아라.

옛것과 이별하기

직장에서 부딪히는 문제를 극복하기 위해서는 옛 전형과 이별해야 한다. 그렇지 않으면 자기에게 무슨 일이 일어났는지 객관적으로 보지 못하고 옛것만 고수하다 결국 뒤처지게 된다. 옛것과 이별하는 능력, 그리고 새로운 것을 받아들이고 그 결과에 책임을 지는 능력은 직장 생활을 하는 데 가장 중요한 능력 중의 하나다.

part 3 성공하지 않아도 괜찮아요

베른하르트는 장애 아동 시설에서 일하는 30대 중반의 남성이다. 그는 10년 전 이 시설의 콘셉트를 잡고 건물을 짓는 과정에서부터 참여했기 때문에 직장에 애착을 가지고 있었다. 그리하여 근무 시간 외에도 장애 아동들에 대한 보고서를 작성하고, 부모들과 상담을 하고 새로운 프로제트를 구상하고 실행하는 등 지금까지 열정적으로 일해왔다. 그러나 최근 베른하르트는 완전히 지쳐버렸다. 사적인 시간이 거의 없었던 것이다. 바쁜 그에게 친구들은 더 이상 만나자고 청하지 않았고 여자 친구와도 헤어졌다. 그러면서도 그는 계속 자신의 일에 전념하지 못했다는 양심의 가책에 시달리고 있었다.

결국 과로로 쓰러진 후에 그는 친한 친구에게 조언을 구했다. 친구는 그에게 규칙적으로 운동을 하고 피로를 푸는 연습을 하며 사교적인 모임을 가지라고 권했다. 10년 뒤에는 자신의 주위에 아무도 없을지 모른다는 불안감을 가지고 있었던 그 또한 친구의 조언을 받아들여야겠다고 결심했다.

그 사이에 베른하르트의 열정과 능력이 알려지면서, 행정 업무를 중심으로 하는 곳에서 이직 제안이 들어왔다. 새 직장에는 지치게 하는 부모들도 없었고, 야근을 할 필요도 없었다. 24시간 내내 긴장하지 않아도 되는 상황에서 여유가 생긴 그는 얼마 안 되어 한 여자와 사귀게 되었고 곧 결혼을 했고 딸이 태어났다.

그렇다고 그가 일을 소홀히 한 것은 아니었다. 베른하르트는 언제나처럼 최선을 다했다. 새 직장에서도 인정을 받으면서 외부의 세미나, 강연, 연수 업무 등이 맡겨졌고, 점점 더 높은 자리로 승진하게 되었다. 그러나 어느 순간부터 그는 과로와 탈진이라는 예전의 악순환이 다시 시작되었다는 사실을 깨닫게 되었다. 그는 훌륭한 아버지이자 남편이 되는 데 더 많은 시간을 할애하고 싶었는데, 다시 악순환이 시작된 것이다.

| 유쾌하게 헤어지는 방법 18 | 자발적으로 높은 지위에 올라갈 수 있었다면, 자발적으로 그 위치와 이별하고 다시 내려올 수도 있어야 한다. 상담을 하면서 베른하르트는 아버지의 역할을 제대로 수행하려면 더 많은 시간적, 정서적 여유가 필요하다는 것, 그러기 위해서는 막중한 책임을 맡고

있는 지금의 역할에서 내려와야 한다는 사실을 깨닫게 되었다.

이를 위해서는 어쩔 수 없이 몇 가지 이별을 해야 했다. 자신만의 사무실이나 특별 수당 같은 일련의 특권을 포기해야만 했고, 경영인이었던 자신에 대한 동료들의 존경심도 잃을지 모른다는 생각도 들었다. 하지만 그는 이러한 이별이 결코 어렵지 않으리라 생각했다. 그는 평범한 직원이었을 때도 늘 즐겁게 일했기 때문이었다. 직장에서 좀 더 단조로운 일을 하게 되면 보다 여유를 갖고 가족에게 관심을 가질 수 있을 것이다.

그러나 정작 상사와의 상담에 앞서 약간 망설여졌다. 이제 막 성공가도에 들어섰는데 거기서 하차하는 것이 갑자기 아깝게 느껴졌기 때문이었다. 그는 항상 '노력하라, 아직 멀었다'라는 내면의 목소리를 들으며 열심히 일해왔다. 하지만 생각했던 것보다 훨씬 쉽게 일이 해결되었다. 상사는 그의 결정을 유감스러워했지만 베른하르트의 상황을 많이 이해해주었고, 그가 적당한 일을 찾는 데 도움을 주었다.

동화에 나오는 해피엔드 같은 일이 벌어졌다. 그는 곧 둘째를 얻었다. 그리고 성과를 내야 한다는 요구에서 벗어나고 성공에 대한 불안을 극복함으로써 가족들에게 충실한 아버지가 된 것에 만족하고 있다.

part 4 · 승진하는 게 무서워요

엘케는 30대의 농촌 출신 여성이다. 그녀는 어렸을 때부터 작은 농촌 마을에서 벗어나려고 노력했다. 그곳에서는 누가 무엇을 하는지 모두 알고 있었으며 이웃과 친척들의 눈길을 피할 방법이 없었다. 엘케의 어머니는 엘케가 대학에 가서 훌륭한 사람이 되길 바랐지만, 엘케는 빨리 직업을 찾아서 농촌을 떠나고 싶었다. 결국 그녀는 어머니의 바람을 어기고 도시에 취직했고, 능력을 인정받아 곧 작은 팀에서 팀장 업무를 맡게 되었다.

그러나 얼마 지나지 않아서 그녀 자신도 이해할 수 없는 불편한 느낌이 들기 시작했다. 팀장이 되면서 하고 싶지 않거나 이해할 수 없는 일들을 해야 했기 때문이었다. 그녀는 어머니에게 했던 것처럼 상사에게 반기를 들고 상사의 지시 수행 요구를 거부했고, 결국 사표를 냈다. 다음 직장에서도 똑같은 문제가 반복되었다. 스스로 사표를 내든가 아니면 해고당할 때까지 상사의 지시를 거부했던 것이다.

베를린의 화장품 가게에서 보조사원으로 시작해보라는 제안을 받았을 때는 모든 것이 달라질 것처럼 보였다. 하지만 유감스럽게도 일어나지 말아야 할 일이 일어나고 말았다. 상사가 그녀의 재능을 알아채고 팀장으로 승진시킨 것이다. 일단 승진하자 그녀는 예전 직장에서 그랬듯이, 상사의 지시사항에 따르지 않았고 상사에게 급한 문제들을 보고하지 않았다. 동시에 그녀는 자신이 감독을 받고 있다는 느낌을 받게 되었다. 그녀는 몸이 안 좋아지기 시작했고, 점차 일하러 가는 것이 두려워졌다. 결국 그녀는 상담을 받으러 왔다.

| 유쾌하게 헤어지는 방법 19 | 나는 먼저 그녀의 경력을 분석했다. 그녀의 상사들은 대부분 그녀의 능력을 빨리 발견하고 후원해주었다. 그러나 엘케는 승진하자마자 상사의 지시사항을 시행하지 않으면서 그들을 실망시켰다. 이는 엘케가 훌륭한 사람이 되기를 바랐던 어머니를 실망시켰던 것과 비슷한 것이었다. 엘케는 이렇게 불평했다.

"나는 아무것도 할 수 없어요. 그냥 이렇게 되어버려요. 반항하고 무시하고 경청하지도 않죠. 그런 다음에 후회하지만 늘 그런 식이죠."

내면적으로 엘케는 농촌 마을과 어머니의 바람에 맞섰던 사춘기적 저항에서 아직 벗어나지 못했다. 그녀는 하고 싶지 않다고만 느낄 뿐이지, 자신이 어째서 '아니요'라고 말하고 싶은지는 잘 모르고 있었다.

어떤 직업을 갖겠다는 결정에는, 그 직업을 하기 위한 활동과 조건들을 따르겠다는 것도 포함되어 있다. 예를 들어 채소 상인이 되려면 매일 일찍 일어나서 경쟁자들과 맞서서 상품을 팔아야만 한다. 그렇지 않으면 장사가 안 되기 때문이다. 채소 상인이라는 직업을 선택하는 것도 중요하지만, 채소 상인이라는 직업이 정확히 어떤 일을 하는지를 알고 그 일에서 성과, 즉 매상을 내는 것도 중요한 것이다.

엘케와 비슷한 상황에 놓여 있는 사람들을 위해 가장 중요한 과제는, 자신이 직장에서 어떤 것을 이루려고 하는지(돈, 명예, 성취감, 출세, 시간 때우기)를 확실하게 알아내고, 이런 목표들에 책임을 지며, 또한 그 결과에 대해서도 책임을 지는 법을 배우는 것이다.

엘케는 상담 초기에 이번에도 해고를 당할 것이라고 걱정하고 있었다. 실제로 그녀는 해고를 당했다. 엘케는 이 일로 상심하기도 했지만, 한편으로는 안도하는 것 같았다. "콧대 높은 여성 고객들을 상대해야 하는 화장품 분야는 어차피 하고 싶은 일이 아니었어요."

손에 닿지 않는 곳에 달려 있는 포도를 보고 "저 포도는 분명히 실테니 먹지 않을 테야!"라고 말한 우화 속의 여우와는 다르게, 그녀의 말은 믿을 만했다. 그럼 도대체 그녀가 하고 싶은 일은 어떤 것일까?

상담 중에 해고를 당한 것은 오히려 그녀에게 좋은 계기가 되었다. 상담 중에 자신을 "무능력하고 의심이 많다"고 묘사했던 그녀는, 며칠 만에 자기가 관심을 갖고 있던 정원 용품을 생산하는 회사에 이력서를 쓴 경위에 대해 흥분하며 말했다. 자신이 인사 관리 업무에는 전혀 관심이 없었다는 사실을 알게 되었다는 것이다. 그리고 이제는 사람과는 관계없는 물건들만 다루는 일을 아주 편안하게 할 수 있을 것 같다고 했다. 면접은 긍정적이었다. 이제는 '해고를 예방'하는 것이 필요했다. 그녀는 어떻게 해야 할까.

가장 중요한 것은 그녀가 아직도 '완전하게 사랑받는' 이상적인 상태를 꿈꾸고 있다는 점이다. 그래서 그녀는 상사가 인내심을 갖고 자신을 기다려주며, 자신이 무엇이 될 수 있을지, 무엇을 원하는지 스스로 알아낼 때까지 어머니처럼 기다려주기를 바란다. 하지만 그런 상사와 회사가 어디 있겠는가. 엘케는 이제 실현 불가능한 소원과 이별한 다음, 가능한 것에 기대를 걸어야 한다.

• 엘케는 자신이 하는 일만이 옳다는 확신에서 벗어나야 한다.

- 이제는 더 이상 부모님에게 종속되어 있는 어린 아이가 아니라 스스로 선택해야 하는 성인이라는 사실을 인식하고, 자신의 자율권이 침해받고 있다는 생각이 아닌 할 수 있다는 의지를 가져야 한다. 그런 다음 하루에 몇 시간만이라도 직장의 요구사항에 적응하도록 노력해야 한다.
- 그리고 나면 늘 새로운 직장이나 상사를 찾는 일을 그만 둘 수 있을 것이다.
- 그녀의 잘못은 타인에 의해 자신의 일이 결정되는 것을 두려워한 나머지 무조건 '아니요' 라고 한 것이었다. 이제는 무조건 '아니요' 라고 하지 말고 자신이 정말로 관심 있어 하는 것이 무엇이며, 하고 싶은 것과 하기 싫은 것이 무엇인지 찾아야 한다.

이런 식으로 엘케는 자신의 고집과, 과거에서 비롯된 무조건 반항하는 태도로 인해 새 직장에서 어려움을 겪는 패턴에서 벗어났다. 그리고 변화가 있을 때 그 상황에 맞게 행동할 수 있도록 자신의 감정을 조절하고 제때에 반응하는 법을 배우게 되었다. 몇 주 후에 그녀의 능력을 알게 된 사장은, 그녀에게 꽃을 담당하는 부서를 이끌어보지 않겠냐고 제의했다. 하지만 그녀는 고민 끝에 우선 지금 하고 있는 곳에서 계속 일하겠다고 결정했다. 언젠가 스스로 부서장 역할을 맡을 마음이 생기고 다시 제안을 받는다면, 그때는 부서장 자리에 대해 '네' 라고 말할 수 있을 것이다.

고집은 최악의 상황을 만든다

많은 사람들이 고집 때문에 직장에서 비슷한 어려움을 겪고 있다. 따라서 여기서 고집은 어떻게 생기고 이러한 태도가 발전되어 어떤 결과가 나타나는지 보여주려고 한다. 이를 통해서 여러분이 그 문제점들의 일부라도 해결할 수 있기를 바란다.

고집은 어린 아이가 자신의 의지를 만들고 예, 아니요를 말하기 시작하는 시기에 처음 나타난다. 즉 이제 막 싹트기 시작한 자기주장이 방해를 받았을 때 고집으로 인한 갈등이 생길 수 있다. 어린 아이가 자기 의견을 형성하는 과정에는 많은 시간과 연습이 필요하며, 이때 주변 사람들의 역할이 매우 중요하다. 하지만 권위적인 아버지나 체벌하는 어머니 같은 엄격한 부모 아래서 자신의 의지를 표현하거나 실행할 수 없을 때 아이는 무력감을 체험하게 된다. 그리고 일종의 방어기제(반응 형성)로서 내면의 반항과 외부로 나타내는 고집으로 이런 감정들을 통제하게 된다. 여기서 반응 형성이란 일종의 비상 브레이크와 같은 방어 과정을 뜻한다. 자신의 의도를 이해받지 못하는 상황에서는 일단 자신의 의도를 방어해야 하기 때문이다.

이러한 방어 과정으로서 고집은 무조건 부정하는 것이다. 특별한 이유가 있는 것이 아니라 단순히 '모든 것'을 거부하는 것이다. 고집스러운 사람이 '아니요'라고 말할 때는 지금 자신에게 정말로 무엇이 문제인지 분명하게 알지 못한다. 그는 두려움에 사로잡힌 채 비상 브레이크를 작동시키고, 자신의 소원에 구체적인 내용을 부여할 기회를 잃게 되는 것이다. 외부로부터의 위협을 무조건 모두 막아내야 하기 때문이다. 이는 아기가 하고 싶은 것과 하기 싫은 것을 울면서 표현하는 것과 같다. 하고 싶은 것이 아니면 전부 하기 싫은 것일 뿐이다.

성인들도 이러한 비상 브레이크를 작동시키고 싶을 때가 있다. 그럼으로써 직장 내 갈등 상황에서, 비록 자신에게 해가 되더라도 자기 주장을 확보할 수 있다고 생각하기 때문이다. 직장에서의 어떤 결정 과정에 자신이 참여하지 못했다는 기분이 들 때 사람들은 흔히 이와 같은 '전체를 부정'하는 비상 브레이크를 가지고 반응한다. 더 이상 귀 기울여 들으려 하지 않기 때문에, 대화의 내용이나 지시사항들을 알지 못하고 다른 사람의 관심사를 이해하지도 못한다. 심지어 이 일을 자기에게 반대하기 위한 것으로 인식하고 패닉 상태에 빠질 수도 있다. 이러한 상황에서는 무엇이 문제인지 알 도리가 없다. 그러면 상대방 또한 몰이해와 분노로 반응한다. 고집이 최악의 상황을 만드는 것이다.

part 5　　**다시 취직할 수 있을까요**

　세바스찬은 IT기업의 중간간부로서 사내 조직에 관한 책임을 맡고 있다. 그가 진급한 후에 새 부서장이 이유 없이 공격적으로 팀원들과 소통하는 것을 보았을 때, 처음에는 그 부서장의 공격적인 태도를 무시할 수 있으리라 생각했다. 지금까지 자신이 맡은 프로젝트를 잘 해왔던 세바스찬은 자신의 일에만 집중하려고 했다. 그런데 부서장이 세바스찬의 업무에도 간섭하기 시작하고, 그런 부서장과 감정적으로 대립하는 일까지 생기면서, 세바스찬에게 신체적으로도 어떤 증상이 나타나게 되었다. 스트레스로 위가 안 좋아진 것이다. 아무리 프로젝트가 마음에 들어도 더 이상 이런 분위기에서는 일하고 싶지 않았다.

　이직을 생각하고 세바스찬은 오랫동안 근무했던 직장과 이별을 할 준비를 시작했다. 그는 여러 회사에 지원서를 냈고, 마침내 자신이 일할 수 있는 다른 직장을 찾았다. 그러나 이를 위해서 그는 익숙한 직장과 마음 맞는 동료 등 몇 가지를 포기해야만 했다. 하지만 다른 한편으로 긴장감과 스트레스에서 해방되어 일에 집중할 수 있을 만큼 마음이 가벼워졌다.

| 유쾌하게 헤어지는 방법 20 | 직장을 잃지 않을까, 이 회사를 그만두면 다른 회사에 못 가지 않을까 하고 걱정하는 직장인들이 많다. 이 때문에 많은 사람들이 스트레스를 받으면서도 마음에 들지 않는 직장을 계속 다니는 것이다. 하지만 자신의 결정으로든, 구조조정과 같은 외부적 요인으로든, 일시적으로 무직의 상태를 피할 수 없는 경우가 가끔 있다.

일자리를 잃는다는 것에는, 직장뿐만 아니라 일상생활의 다른 분야까지도 포괄하는 분리 내지 이별의 문제들이 연관되어 있다. 연구 결과에 따르면 실업자들은 일정 기간이 지나고 나면 자신들에게 익숙했던 능력들 중에 많은 부분, 특히 일상생활을 계획적으로 영위할 수 있는 능력을 잃어버렸다고 잘못 생각하는 경향이 있다고 한다. 직장을 잃어버렸다는 슬픔, 점점 나이를 먹고 있는 현실에 대한 두려움, 어쩌면 다시는 새 일자리를 찾지 못할 것 같은 두려움 등이 새로운 목표 설정에 훼방을 놓는다. 그럴 경우 직장을 잃은 것이 마치 삶 전체가 끝장난 것처럼 체험될 위험이 크다.

직업이 없으면 시간은 더 이상 의미가 없는 것 같다. 그래서 갑자기 얻게 된 자유의 시간을 예전처럼 계획적으로 나누어 쓰지 못한다. 직업 활동을 하는 사람으로서의 정체성이 직장의 상실과 동시에 소멸되는 것이다. 하지만 아직 친구, 독자, 아버지, 운동하는 사람 등으로서의 정체성은 남아 있다. 그럼에도 불구하고 자의로든 타의로든 직장인으로서의 정체성을 잃은 사람들은 자신의 다른 정체성을 모두 포기하기도 한다. 하지만 그러고 나면 필연적으로 우울증이나 공허감이 찾아온다. 이런 감정들이 여유를 갖고 힘을 내서 구인광고를 보고 이력서를 보낼 수 있도록 주어진 자유의 시간을 잘 활용하지 못하도록 하는 것이다.

스스로 선택한 것이든, 외부의 조건에 의해 일어난 것이든 사직 후에도 계속 일을 하는 상태를 유지하고 싶다면, 능동적으로 움직이고 가능한 빨리 결정을 내려야 한다. 정신 건강을 위해서 '실업자'라는 정체성에서 벗어나 그 대신에 '구직자'로서의 강한 정체성을 만들어내는 것이 중요하다. 구직자로서 가장 중요한 직업 활동은 날마다 적어도 2시간에서 3시간 정도 적극적으로 일자리를 구하는 것이다. 실업자에서 구직자로의 변화는 단순히 말바꿈처럼 보일지도 모른다. 하지만 이런 작은 변화는 강력한 영향력을 갖고 있다. 구직자로서의 정체성을 갖기 위한 일들은 다음과 같은 것들이다.

- 늦게 일어나지 않는다.

- 신문이나 인터넷 등으로 현재의 노동시장 상황에 대한 개관을 얻는다.

- 가지고 있는 능력을 잃어버리지 않도록 계속 연습한다.

- 일하는 시간을 확실하게 정한다. 아침에 약 2~3시간 일하는 것이 가장 좋다.

- 지원하는 연습을 한다.

- 지원서를 쓰고 보낸다.

이처럼 실업 상태에서도 자신이 구직자라는 직업을 갖고 있다고 생각하면 두려움을 떨쳐내고 힘을 낼 수 있을 것이다. 또한 이처럼 상황에 맞춰 새로운 정체성을 갖는 기술을 다른 상황에서도 적용할 수 있다. '나는 혼자야'라고 하는 대신 '나는 짝을 찾는 사람이야'라고 생각하고, '나는 베를린에 사는 바이에른 사람이야'라고 하는 대신 '나는 지금은 베를린 사람이야'라고 생각하는 것이다.

이처럼 상황에 맞춰 새로운 정체성을 갖도록 도울 수 있는 몇 가지 전략을 아래에 소개하겠다.

- 실업이 예상될 때 그것 때문에 생길 수 있는 상심의 체험을 밀어내지 마라. 그렇다고 상심 속에만 빠져 있지도 마라.

- 새로운 일자리를 찾는 데 걸리는 시간을 예상해서 계획을 세우고 그 날짜를 적어놓아라.

- 직업적인 것뿐만 아니라 사적으로도 자신이 어떤 사람인지 자기 정체성을 자각하고 적어보라. 예를 들어 딸, 조직의 천재, 아내, 남편, 교제를 좋아하는 사람, 운동을 하는 사람 등.

- 그런 다음 각각의 정체성에 몇 시간을 할애할 것인지 판단하라. 얼마나 오래 일할 것인가? 남편으로서, 혹은 아내로서 가정에 얼마나 많은 시간을 할애할 것인가? 운동을 위해서는? 재교육을 위해서는?

- 시간 계획을 주별로 기록하고 가능한 정확히 그 계획을 지켜라. 마음속으로 변명하지 마라!

- 원해서 그만두었든지 어쩔 수 없이 그만두었든지 상관없이, 회사를 그만두었다고 해서 하루를 계획할 수 있는 사람이라는 정체성과 결별한 것은 아니다. 전에는 외부(회사)에 의해서 강제로 시간 계획을 세웠지만 이제는 시간 계획을 스스로 세울 수 있고, 자신의 관심사를 따라갈 자유가 주어진 것이다.

- 좋은 친구가 있다면 도움을 요청하고 또 여러분이 '구직자'로서의 새 정체성에 잘 따르고 있는지 물어보라.

- 매일 할 일을 정하라. 여러분의 하루를 계획하라. 그리고 사람들을 많이 만나라.

- 자신의 꿈과 소원들을 곰곰이 생각하라.

• 모든 것이 달라질 가능성이 있다는 것을 깨달아라.

• 가끔 넋 나간 사람이 될 수도 있다. 이럴 경우에는 걱정을 털어놓을 수 있는 사람을 찾아라. 그리고 언제까지 침체된 기분으로 있을 것인지, 그와 함께 기간을 정하라. 이와 같이 의식적으로 한계를 결정함으로써 빨리 회복될 수 있다.

모니카는 50세의 프리랜서 기자로 남편과 세 자녀와 함께 살고 있다. 65세로 모니카와 나이 차가 많이 나는 남편은 직장일로 바빴기 때문에 집안일과 육아, 휴가 계획 등 모든 일은 모니카가 맡아서 했고, 부부 간에도 대화가 거의 없었다. 그래서 남편의 정년퇴직이 임박해 있다는 것을 가족 누구도 눈치 채지 못했다.

남편의 직장 생활이 끝나는 것이 가족 모두에게 어떤 의미인지 모니카가 미처 고민해보기도 전에 남편의 마지막 근무일이 다가왔다. 그녀는 그동안 잘 해왔던 직업과 가사에 관련된 하루 일과를 이제는 혼자 결정할 수 없고, 남편과 많은 시간을 함께 보내야 한다고 생각하니 갑자기 두려움이 몰려왔다. 퇴직 후 처음 맞는 아침, 식사를 마친 남편이 "우리 오늘 뭐하지"라고 물었을 때, 비로소 그녀는 두 사람이 '연금 생활자'로서의 삶을 제때에 계획하지 못했다고 깨닫게 되었다.

　한편 남편 롤프는 회사에 다닐 때처럼, 예전과 똑같이 그녀가 자신의 모든 생활을 관리해주기를 바랐다. 모니카는 점점 더 공황 상태에 빠졌다. 다행히 그녀에게는 직업이 있었다. 그녀는 집에서 방해받지 않고 컴퓨터로 기사를 쓰고, 전화 통화를 하고, 자기가 원할 때는 언제든지 아무에게도 말하지 않고 외출하는 것에 익숙해져 있었다. 그런데 갑자기 그녀는 자기가 어디에 가고 얼마나 오래 나가 있을 것인지 알려줘야 하는 문제에 봉착하게 되었다! 그녀는 점차 속박받고 통제당하고 있다는 느낌을 받았다. 남편은 달라진 일과에 적응하지 못하고, 그녀의 표현을 빌리자면 "말도 안 되는 질문들"을 해댔기 때문이다. 예를 들면 이것저것이 어떻게 작동되는지, 언제 장보러 가는지, 언제 친구들을 초대하는지, 언제 일을 끝내고 자기를 위해 시간을 내줄 수 있는지 등과 같은 물음들이었다.

　모니카는 좌절감과 압박감으로 흥분해서 친구에게 전화를 했다. "이혼해야 할 것 같아. 그 사람은 혼자서 할 수 있는 게 아무것도 없어. 내가 모든 것을 해줄 순 없어. 나는 쉬고 싶을 뿐이야."

　이처럼 젊은 부부들만이 아니라 결혼한 지 25~35년 된 소위 늙은 부부들도 직업 때문에 발생한 가족생활의 전환점에서 이혼하는 경우가 자주 있다. 대부분 여성이 원해서.

| 유쾌하게 헤어지는 방법 21 | 직장을 잃는 것은 전반적인 생활 설
계와 정신 상태에 심각한 영향을 끼
치고, 이는 개인의 존재감을 위협하는 결과를 낳을 수도 있다. 하
지만 이 일을 계기로 기대하지 못했던 기회가 찾아오기도 한다.

직업과의 이별에는 매우 많은 원인들이 있다. 자발적으로 그
만둘 수도 있다. 현재의 고용 조건이 기대했던 것에 미치지 못하
거나 새로운 직업에 도전하고 싶은 마음이 생기거나 다른 경력을
쌓고 싶기 때문이다.

그러나 직업과의 이별은 해고처럼 자발적으로 이루어지지 않
을 때가 더 많다. 해고의 이유는 많다. 구조조정으로 상사가 회사
를 떠나게 되어 그와 함께 팀원 전체가 바뀐다. 새로 온 상사가
다른 직원들을 데리고 오기 때문이다. 새 상사는 자신과 원래 있
던 직원 사이에 소통의 부재가 있음을 알아채고 그 직원을 내보
낸다. 또한 직업 수행 능력이 회사의 기대에 미치지 못할 때도 가
끔 있다. 이러한 해고는 보통 예상하지 못한 상황에서 오게 된다.

고용자의 연령을 이유로 통보되는 비자발적인 결별, 즉 정년
퇴직은 어느 정도 예상 가능하다. 그러나 이런 경우에도 고용자
는 심리적으로 내몰린 것처럼 느끼기도 한다. 순식간에 일할 수
있는 인생이 지나가버리고 소위 연금을 받는 연령에 도달한 것처
럼 느껴진다. 하지만 이와 같은 마음 아픈 결별의 순간을 오래 전
부터 면밀하게 준비해야 한다는 사실을 아는 사람은 많지 않다.

아니면 나이 때문에 빨리 강등되거나 '쓸모없는 사람으로 선별'되어 퇴직금을 많이 받고 일찍 명예퇴직을 하는 경우도 있다. 이 경우 많은 보상금을 받게 되지만 마음의 상처를 입게 된다. 무엇보다도 '이제 무엇을 하지'와 같은 허탈하게 들리는 문제에 봉착한다.

이러한 인생 국면이 여러분이나 여러분의 배우자에게 다가오고 있다면, 장기간에 걸쳐 직업의 마지막 시간을 준비하고 능동적으로 작은 이별들을 결심하라고 권고하고 싶다. 이는 직장을 그만두는 것이 너무나 힘든 일로 느껴지지 않게 해주며 새로운 목표를 갖도록 도와줄 것이다.

모니카와 롤프, 이 두 사람이 새로운 환경에 적응할 수 있는 방법은 세 가지 정도를 생각해볼 수 있다.

• 첫 번째 해결책 : 이혼

첫 번째 해결책은 '쿨하게 헤어지는 것'이다. 그러나 모니카가 이혼 절차를 밟으려면 여러 가지 성가신 절차가 필요하다.

먼저, 남편의 연금과 생활비 문제를 해결하기 위해서 변호사가 필요하고, 이혼하는 과정에서 자신을 도와주고 이혼을 견뎌낼 수 있도록 지켜줄 좋은 친구가 필요하며, 마지막으로 죄책감과 이혼으로 인한 슬픔을 다루어줄 치료사가 필요할지도 모른다.

이는 가장 극단적이며 피해가 큰 해결책이다. 하지만 이혼이 정말로 불가피할 때도 가끔은 있다.

• 두 번째 해결책 : 함께 보내는 연금 생활

　모니카가 은퇴한 남편의 입장에 서서, 자신도 일을 그만두고 함께 연금 수령자라는 정체성을 선택하는 것이다. 이 방법은 가족들의 피해가 적은 대신 모니카의 희생을 필요로 한다.

　배우자가 자신보다 일찍 노쇠해질 수 있다는 사실을 간과하고 나이가 많은 사람을 배우자로 선택했기 때문에, 이것은 모니카에게 있어 불가피한 선택일 수 있다. 아버지 같은 보호를 누리기 위해서, 또 같은 또래의 배우자와 살 때 생길 수 있는 갈등으로 티격태격 하고 싶지 않아서 자신보다 나이가 아주 많은 사람을 배우자로 선택했으므로, 이러한 결정에 대한 '값' 을 치러야만 한다고 말할 수도 있다. 비록 자신은 아직까지 더 활동할 수 있더라도, 나이가 많은 배우자와 새로운 인생의 전환기에서 동행해야하기 때문이다. 이때 다음과 같은 수단들이 도움을 줄 것이다.

- 주변의 다른 연금 생활자 부인들에게 하루 일과를 어떻게 보내고 있는지, 그리고 어떤 여가 생활을 하면 연금 생활을 풍요롭게 보낼 수 있는지 적극적으로 물어본다.
- 연금 생활을 하는 남자는 따분하고 피곤하다는 선입견과 그런 남자와의 삶은 구속만을 의미한다는 생각을 바꿔야만 한다. 또한

연금 생활 중에도 지금까지 실현하지 못했던 꿈을 구체화시킬 수 있는 기회가 있으며, 이를 통해서 의미 있는 시간을 가질 수 있다는 사실을 배워야 한다.

• 무조건 남편이 집에 있는 것이 자신을 질식시키고, 그가 집에 없는 것이 자유를 보장해주는 것이 아니라는 사실을 받아들여야 한다. 그럼으로써 함께 생활할 수 있는 방법을 설계할 수도 있을 것이다. 그러기 위해서는 서로의 감정과 욕구에 대해서 진지하게 대화해야 한다.

• 세 번째 해결책 : 함께 살면서 다른 길 가기

세 번째 방법은 이른바 "나는 나이고 너는 너이다. 우리는 가끔 만나도 좋고, 또 만나지 않아도 좋다"[8]라는 것이다. 모니카 부부의 경우에는 다음과 같이 바꾸어 말할 수 있다. "나는 내 일에 전념하고 너는 네 일에 전념한다. 우리는 가끔 만나서 체험한 것을 나누고 함께 있음을 즐기면 된다."

이 체계는 다른 사람에게 시간을 빼앗기지 않고 각자 스스로 자신의 일과를 만들어가는 것이다. 이렇게 생활하기 위해서는 두 사람이 서로 다른 생활 리듬, 나이, 욕구 등을 서로 조율하려고 노력해야 한다. 이 방법은 어쩌면 두 번째 해결책보다 더 많은 갈

---

[8] F. Perls, *Grundlagen der Gestalttherapie*(München : Pfeiffer, 1973)의 〈형태 기도문 Gestaltgebet〉 참고.

등을 만들 수도 있다. 하지만 상대방과 자기 자신을 새롭게 이해하는 계기가 될 수도 있다.

이를 위해서는 함께 계획을 세우고, 두 사람 각자 자신의 목표를 흔들림 없이 추구해가는 용기가 필요하다. 예를 들면 다음과 같다.

- 함께 한 주의 계획을 짠다.
- 어느 날 누가 집에 있고 누가 외출할 것인지 상의해서 약속한다. 그러면 다른 사람이 방해받지 않고 혼자 집에 있을 수 있다.
- 친구를 초대할 때는 상대방을 속박하거나 방해하지 않도록 상의해서 약속한다.
- 자신의 일이나 취미 생활에 집중하기 위해, 언제 집이 조용해야 할지 상의해서 약속한다.
- 새로 규칙을 마련하여 가사를 분담한다.
- 남편은 모든 일을 모니카와 함께한다는 생각을 바꾸고, 자신의 시간을 스스로 채워야 한다.

이른바 '따로 또 같이' 생활 리듬이 처음에는 많이 힘들 것이다. 그래서 두 사람에게는 자신들의 새로운 생활 패턴을 이해하고 가치를 인정해주며 계속해서 용기를 북돋아줄 수 있는 친구들이 필요하다. 이들이 뒤에서 뒷받침을 해주어야 하는 것이다.

모니카는 세 번째 방법을 실행하기로 결정했다. 남편과 함께 새로운 자유를 협상한다는 것이 쉬운 일은 아니었다. 남편 또한 갑자기 스스로 새로운 일을 정해서 모니카의 도움 없이 사는 것이 쉽지 않았다. 하지만 이들은 해낼 수 있을 것처럼 보인다. 벌써 함께 갈 여행 계획들을 세우고, 남편은 가사에 취미를 붙이기 시작했다. 그 사이에 부부 사이도 좋아지고 있다.

이 세 가지 해결 방법은 모니카 부부에게만 해당되는 것이 아니다. 비슷한 처지에 있는 다른 부부들에게도 해당된다. 예를 들면 갑자기 남편이 실업자가 되어서 하루 종일 집에 함께 있게 된 상황에 처한 경우다.

이혼 결심

오랫동안 잘 유지해왔던 부부 관계를 단번에 끊기보다는 몇 가지 작은 이별들을 결심하는 편이 피해가 적다. 이러한 상황이 부부에게는 또 하나의 출발점이 될 수도 있다. 다시 한 번 부부 관계에 대해서 생각해보고 계속 함께 살려면 어떻게 해야 하고 무엇을 변화시켜야 하며, 어쩌면 각자의 길을 가야 할 시점에 도달한 것은 아닌지 분명히 깨닫는 계기가 되기 때문이다.

part 7　노후가 두려워요

라이너의 직장 생활은 성공적이었다. 그는 관리자로 일하면서 국내와 해외에서 큰 프로젝트를 맡았고, 열정적으로 일했다. 그 때문에 결혼 생활에는 실패하고 말았다. 그러나 그는 이혼 후에도 전처와 아이들의 생활비와 교육비를 계속 부담했다. 그러나 몇 년간의 싱글 생활 뒤에 라이너는 한 여자를 만나 사랑하게 되었다. 그녀와 함께 할 미래를 계획하고 있을 때, 마침 회사가 구조 조정에 들어갔다. 그는 50대 중반의 나이에 고액의 퇴직금을 받고 직장 생활을 정리하든지 아니면 파트타임으로 적은 연봉을 받으면서 일을 해야 할지 결정해야 했다.

어떤 식으로든 결정을 하기 위해서는 두 가지 문제와 싸워야 했다. 첫 번째 선택을 할 경우, 노년의 경제적 안전장치가 위태로워질 것이었다. 사실 그는 현재 받고 있는 연봉의 거의 대부분을 전처와 아이들의 생활비와 교육비로 쓰고 있었기 때문에, 퇴직금은 노년을 위해 남겨둘 생각이었다. 그런데 그게 어려워진 것이다. 그러나 파트타임으로 일을 해서 지금보다 적은 연봉을 받게 된다면, 여자 친구가 자신과 결혼을 하지 않으려 할지도 모른다. 그래서 그는 '용감하게' 여자 친구인 마리와 상의하지 않았다. 언제나처럼 늘 모든 것을 어떡해서든지 혼자서 해결하려고 한 것이다.

이 시기에 예기치 않은 이상한 일이 일어났다. 라이너는 마리와 함께 연극을 보러 가려고 전철 표를 끊었다. 여러 가지 일 때문에 머릿속이 복잡했던 그는 얼마 전부터 자신이 전철 표를 50퍼센트 할인받을 수 있는 연령이 되었다는 사실을 완전히 잊고 있었다. 제값을 다 주고 전철 표를 구입한 후에야 그 사실을 생각해낸 그는 알 수 없는 격렬한 흥분 상태에 빠져, 이미 구입한 전철 표를 마리에게 되팔고 자신은 할인된 가격으로 전철 표를 다시 구입하겠다고 결심했다. 마리는 깜짝 놀랐다. 지금까지 라이너를 대범한 사람으로 알고 있었는데…… 냉정을 찾은 라이너 또한 창피해서 어찌할 바를 몰랐다. 도대체 나에게 무슨 일이 일어난 걸까? 갑자기 구두쇠가 된 것일까?

그의 마음속에 무슨 일이 일어나고 있다는 것을 재빨리 알아차린 마리는 노후의 경제적 곤란에 대한 그의 염려에 대해서 함께 이야기를 나누었다. 이 대화를 통해서 두 사람은 앞으로 어떻게 할 것인지 계획을 세울 수 있었다.

| 유쾌하게 헤어지는 방법 22 | 대기업들은 구조조정의 일환으로 경영 일선에 있는 간부들뿐만 아니라 평범한 직원들까지도 예상보다 일찍 명예퇴직을 시키거나 파트타임 근무를 제시하기도 한다. 소위 '고액의 퇴직금'으로 직장생활을 일찍 그만두도록 유혹하는 것이다.

갑자기, 그리고 뜻하지 않게 직장을 그만두게 된 사람들은, 고액의 퇴직금의 달콤함도 잠시, 우울증이나 심신 상관적 고통을 호소하기도 한다. 그리고 심장박동 장애나 두통 등의 증상으로 의사를 찾아가지만 정신적 스트레스가 원인이라는 설명만을 듣게 된다. 노동시장에서 '너무 늙었다'는 이유로 뜻하지 않게 명예퇴직을 당하는 사람들은 쇼크를 받게 되고, 그래서 그에 대한 반응이 이상한 형태로 나타나는 것이다.

라이너의 경우가 바로 그러하다. 라이너는 어떤 작은 이별들을 통해 이를 극복할 수 있을까. 라이너에게는 언젠가는 태극권을 가르치는 사람이 되고 싶다는, 오래 간직해온 꿈이 있었다. 생각보다 빨리 직장을 그만두라는 제의를 받게 되고 퇴직금이 생기면서 그는 그 꿈을 실현할 기회를 가지게 되었다. 지금까지 그는 "내가 (직장 생활을) 그만두게 될 때는 새로운 것을 시작하기에 너무 늦을 거야"라고 염려해왔다.

• 라이너는 자신의 미래에 대해서 미래의 아내와 상의하고 그녀를 자신의 계획 속에 끌어들여야 한다. 예를 들어, "내가 경제적으로 힘들어지면 도와줄 수 있겠소"라고 물어보는 것이다. 전처를 경제적으로 뒷받침하는 문제에 대해서도 전처와 직접 의논해보는 것이 좋다.

• 혼자서 고민하고 혼자서 결정하던 습관에서 벗어나야 한다. 제3자의 도움으로만 자기 자신을 위한 새로운 가능성을 더 정확히 인식할 수 있고 더 신중하게 고려할 수 있다.

이별 능력 키우기

퇴직 준비하기

직장 생활을 그만두는 일에는 시간이 필요하다. 그렇기 때문에 준비 없이 정년퇴직을 맞아서는 안 되고, 정년퇴직하기 몇 년 전부터 이별 준비를 시작해야 한다. 이별 준비는 다음과 같은 세 가지 측면으로 시작하는 것이 좋다.

계획

- 유능한 젊은 직원, 조수 들에게 특정 임무를 위임하라.
- 일이 아닌 개인 생활에서 즐거움을 얻을 수 있는 새로운 활동을 찾아라.
- 여러분이 곧 가족에게 더 많은 시간을 할애할 수 있게 될 것이라고, 가족들에게 '경고하라'. 그리고 서서히 가족들에 대한 관심을 높여라.
- 연금 생활 중에 어떤 활동들이 (직업도 포함해서) 맘에 들 수 있을지 생각해보라.

자기 분석

직업을 그만둘 즈음의 육체적 건강과 정신적 건강을 위해 자가 진단을 해본다. 여러분의 연령 지수를 조사하고 정신적인 현주소를 측정하는 것이다. 그런 다음 결과에 따라 다음 과정을 진행한다.

• 다시 한 번 재산 문제와 노후보장 보험을 체크하라.

• 친구들이나 동료들과의 관계를 검토하고 견고하게 관리하라.

미래에 대한 비전

• 직장 생활을 하면서 어떤 취미와 꿈들을 미뤄왔는지, 그것들 중에 지금 여러분이 다시 시작하고 싶은 것이 있는지 살펴보라.

• 그렇게 떠오른 것이 현실에 맞는지 검토해보라. 지금도 시작할 수 있는 일인가. 아직까지 하고 싶은가.

• 시간 계획표를 작성해야 한다. 예를 들어, 세계일주 여행이라면 언제 여행을 시작할 것인가. 등산을 한다면 언제가 컨디션이 좋은가. 이를 위해 어떤 준비를 해야 하는가.

직장 생활의 마지막을 이러한 '예방법'과 함께 일정한 목표를 가지고 준비하면, 정년퇴직 이후에도 큰 어려움 없이 잘 지낼 수 있다. 비록 노령화가 불가피하게 많은 작은 이별들을 수반한다 할지라도 착실히 이별 연습을 한다면 정년퇴직이 자기 자신과 다른 사람들을 배려하고 새로운 활동을 시작할 수 있는 서막이 될 수 있다.

Chapter Five

이제 이별하자

이만하면 말은 충분하네.
이제 그만 행동을 보여주게나.

《파우스트》

이별 능력 키우기

이별 유형을 알아보기 위한 심리 테스트

이별 능력을 키우는 방법을 배우기 전에, 일단 여러분이 어떤 이별 유형을 가지고 있는지 알아볼 필요가 있다. 아래의 질문들은 여러분의 이별 유형을 알아보기 위한 것이다. 질문이 자신에게 해당된다고 생각하면 해당 알파벳에 체크하라. 해당이 안 되면 다음 질문으로 넘어가라. 질문이 끝나면 체크된 알파벳 철자를 각각 세어보라. 가장 많이 선택된 철자가 여러분의 이별 유형이다.

그러나 이 테스트는 여러 이별 유형들을 일반화시킨 것에 불과하므로, 결과를 100퍼센트 맹신해서는 곤란하다. 만일 같은 숫자가 나왔다면 여러분은 둘 또는 여러 유형의 특성을 함께 가지고 있는 셈이다.

새로운 일을 시작할 때는 항상 빠져나갈 구멍을 만들어두는 편이다.   C

인터넷, 특히 채팅방에 있는 경우가 잦다. ……………………………… D

이별이나 변화가 임박했을 때, 그것이 무엇을 뜻하는지, 그리고 무엇을 해야 하는지 충분히 생각해본다. ……………………………………… F

현재 일어나고 있는 어떤 변화가 나에게 이득이 되지 않는다고 생각하는 경우가 많다. ………………………………………………………… C

이별이나 변화를 할 때 무엇을 하는 것이 가장 좋은지 다른 사람들에게 조언해주는 편이다. ··· B

지금 하고 있는 무언가를 끝내기도 전에 다른 일을 시작하는 편이다. E

이별이나 변화가 임박했을 때, 그것이 어떻게 진행될지 모른다는 불안감
을 느낀다. ··· A

익숙한 것에 집착하는 편이다. ··· A

더 이상 필요하지 않다고 생각되는 관계는 냉정하게 끊어버린다. ······ E

약속을 귀찮아하거나 자유 시간을 방해하는 구속으로 느낀다. 그래서 약
속 잡기를 싫어하고 약속 시간에 늦는 경우가 많다. ····················· E

오래된 우정일수록 잘 관리해야 한다고는 생각하지 않는다. ············ D

이별할 때나 떠나갈 때 남겨진 사람에 대해 아무것도 알고 싶지 않고, 알
필요도 없다고 생각한다. ··· E

이별할 때, 슬픔보다 새로운 것에 대한 흥분과 기대감을 더 많이 가지는
편이다. ··· F

이별할 때 이별의 식사나 파티 등과 같은 구체적인 의례를 사용한다. F

퇴근 시간을 정해놓지 않고 사무실에서 밤늦게까지 일하는 경우가 많다.
··· B

상대방에게 변화나 이별의 의도를 터놓고 이야기하는 편이다. ········ F

여행을 떠나게 되면, 고향이나 가까운 가족들과의 감상적인 결속감에 사
로잡히는 편이다. ··· E

중요한 변화가 있을 경우, 심할 정도로 다른 사람들의 조언이나 도움을
요청하는 편이다. ··· A

무엇이 필요하다고 분명히 말하지 않고 나중에 불평하는 편이다. ······ C

관계를 맺기 어려운 사람이라는 말을 들은 적이 있다. ·················· E

친구들이나 동료들 사이에서 신제품이나 유명한 레스토랑을 잘 알고 있는 트렌드세터로 통한다. ······················· E

아무도 자신에게 시간을 내주지 않으면, 심하게 실망하거나 버림받았다는 기분이 든다. ·················· A

외출하기 직전에 새로운 일을 시작한다. 예를 들면 나가야 할 시간이 지났는데도 전화통화를 하거나 인터넷 검색을 한다. ················· B

새로운 일에 빠져들어, 아직 끝내지 못한 일이 있다는 사실을 완전히 잊어버릴 때도 있다. ················· D

주말을 아무런 계획 없이 보내야 한다고 생각하면 불안하다. ·········· A

언젠가는 다시 읽을 수 있을 것이라는 생각으로 오래된 신문이나 잡지 같은 것을 보관하고 있다. ·················· C

파티나 모임에서 맨 마지막까지 남아 있는 경우가 잦다. ················ B

놓아주거나 버려야 할 상황에서 '나중에 필요할 수도 있으니까 가지고 있는 것이 좋을 거야'라고 생각할 때가 많다. ·················· C

약속하거나 초대를 해놓고, 그 약속이나 초대를 잊어버리는 경우가 자주 있다. ·················· D

지금 이별을 하면 중요한 것을 잃어버릴까 불안하다. ·················· B

이미 오래 전부터 나빠진 관계를 억지로라도 이어가려고 한다. ········ A

다른 사람들이 나를 위해 대신 결정을 내려주기를 바란다. ············· A

새로운 업무가 주어졌을 때 예전에 하던 업무를 그리워하는 편이다. F

주변 사람들이 나에게 자주 상담을 요청하는 편이고 사람들에게 조언해주기를 즐긴다. ·· D

어떤 대화에서 다른 사람이 중심에 있거나, 내가 이미 알고 있는 것을 이야기하거나 제안하면 지루해진다. ·· E

행동으로 옮기기 전에 철저하게 준비하는 편이다. ··············· C

신뢰할 수 없다는 비난을 받은 적이 있다. ·························· D

임박해 있는 이별이나 새로운 일에 능동적이고 의식적으로 대처하는 편이다. ··· F

다른 생각을 가지고 있더라도, 다른 사람의 제안이나 의견에 일단 찬성하고 본다. ··· A

새로운 일을 시작할 때 실제적이고 구체적으로 준비하는 편이다. ······ F

더 이상 필요 없는 생활용품이나 입지 않는 옷들을 쉽게 버린다. ······ F

새로운 일을 시작할 때 주저하거나 두려워하는 편이다. ·············· B

낯선 사람과 빨리 친해지는 편이지만, 그 관계가 오래가거나 깊은 관계로 발전하지는 않는다. ··· D

개인적인 물건이나 기억을 남겨두지 않으면, 다른 사람들이 나를 잊어버릴 거라고 염려한다. ··· C

분명히 이별해야 할 때인데도, 다른 사람이 대신 이별을 선언하고 대신 처리해줄 때까지 기다리는 편이다. ······································ B

'이제 제발 좀 일을 진척시켜라'와 같은 말을 자주 들었다. ·········· B

이별할 때는 친구나 가족을 태운 차나 기차가 출발하기 전에 등을 보이고 떠나는 편이다. ··· D

테스트 결과

Ⓐ 유형 1 : 매달리는 사람

이별과 분리를 좋아하지 않는 당신. 솔직히 말하면, 당신은 이별을 두려워한다. 이별을 두려워하는 당신은 항상 다른 사람에게 인정받으려고 노력한다. 이별하지 않기 위해서다. 당신은 항상 필요한 것들을 미리 준비해놓는다. 그리고 추억의 물건들도 잘 간직하는 편이다. 당신은 원래 혼자 있기를 좋아하지 않는다. 그래서 우정을 잘 관리한다. 여행을 갈 때도 사람들에게 좋은 곳으로 입증된 곳으로만 간다. 무엇 때문에 위험을 감수하겠는가?

새로운 것과 알지 못하는 것을 시도하는 데 조금만 더 용기를 갖는다면 좀 더 활력 있는 삶을 누리게 될 것이다.

Ⓑ 유형 2 : 망설이는 사람

다른 사람들에게 버림받거나 중요한 일을 놓칠까 남몰래 불안해하는 당신. 새로운 일을 시작할 때는 심하게 불안해하고, 그래서 시작하기를 망설이고 되도록 천천히 진행한다. 급히 서둘러서 헤어지게 되면 중요한 것을 잃을까 두려워하기 때문. 그렇기 때문에 두 가지 목표 사이에서 적당한 것을 결정하지 못하고, 두 개 모두 갖고 싶어 하거나 동시에 하고 싶어 하는 경우도 많다. 그러나 당신은 기본적으로 상당히 믿음직스러운 사람이다. 몇 년이 지나도 같은 장소나 같은 전화번호로 연락이 닿을 수 있다.

ⓒ 유형 3 : 안전제일주의자, 유형 4 : 불만을 가지고 오래 버티는 사람

새로운 일을 즐겁게 시작하지만 항상 안전하게 거리를 두고 변화를 바라보는 당신. 직장 때문에 이사를 해야 해서 어쩔 수 없이 미지의 곳으로 날아가기도 하지만, 귀환의 가능성이 보장되지 않은 상태에서는 떠나지 않는다. 그럴 경우에는 자전거나 가구를 친구에게 맡겨놓는다든지, 전에 살던 집의 열쇠를 계속 가지고 있다든지 하는, 돌아올 수 있는 방법을 확보해놓는다. 인간관계에서도 당신은 어떤 일이 꼭 어떻게 되어야만 한다고 고집을 부린다. 예측할 수 없는 일이 일어날까 불안하기 때문이다.

ⓓ 유형 5 : 관계를 찾아 헤매는 사람

변화를 좋아하는 당신. 끊임없이 흥분시키는 일이나 새로운 일을 찾는다. 단조롭게 반복되는 일보다는 즉흥적이고 모호한 생각들을 더 좋아하기 때문에 한 주제에서 다른 주제로 쉽게 '파도타기'를 하고, 장황하게 얘기하다가 주제에서 벗어나는 경우가 많다. 당신은 돌아다니기도 좋아하고, 인터넷을 많이 한다. 당신은 사람들에게 재미있는 사람이라는 평가를 받지만, 때로는 다른 사람들과의 약속을 잊어버리기도 한다. 그래서 친구들이 연락을 끊기도 한다. 당신은 그걸 이상하게 생각하고 친구들을 그리워하기도 하지만, 왜 연락하지 않느냐고 묻지도 않는다.

ⓔ **유형 6 : 철새, 유형 7 : 무슈(마담) 아듀**

항상 완전한 관계나 이벤트를 찾아 나서며, 자신을 완벽하게 만들려고 노력하는 당신. 그래서 신제품, 유행하는 옷, 흥미로운 사람들을 좋아하며 사람들에게 주목받고 싶어 한다. 어떤 장소에서 주목받지 않으면, 당신은 재빨리 마음의 문을 닫아버린다. 약속을 할 때도 즉흥적이다. 당신은 다른 사람들의 제안을 받아들이기보다는 새로운 생각, 특히 자신의 생각에만 열광한다. 당신은 오래 지속되는 관계나 당신이 먼저 사람들에게 다가가는 것을 불안해한다. 영원히 어떤 것에 붙잡히거나 갑자기 버림받을 수 있다고 생각하기 때문이다.

ⓕ **이별 능력을 가진 사람**

이별할 때가 언제인지, 어떤 일을 언제 적당하게 끝내야 할지 잘 아는 당신. 당신은 곧 끝나야 할 시간이나 수확할 시간 또는 다음으로 넘어가기 위해서 준비해야 할 시간이나 새로운 일을 준비해야 할 시간을 잘 알고 있다. 또한 이별의 고통을 줄일 수 있는 방법, 미래를 위한 비전을 제때에 전개시키는 방법 등도 알고 있다. 한 마디로 이별 능력을 가진 사람!

※ 테스트의 결과와 관련해서, 이 장 part 2를 참고하라.

part 1 이별을 위한 준비 동작

우리의 일상은 작은 이별 동작들로 가득하다. 악수하기, 가볍게 포옹하기, 뽀뽀하기, 머리 쓰다듬기, 어깨 쳐주기, 손 흔들어주기 등의 일상적인 인사는 모두 이별 동작에 속한다. 화가 난 사람이 인사 없이 문을 쾅 닫고 나가는 것도 일종의 이별 동작이다. 사랑에 빠진 사람들은 이별할 때 아무 말 없이 상대의 눈을 바라보기도 한다. 영화 〈카사블랑카Casablanca〉에서 험프리 보가트Humphrey Bogart가 사랑하는 여인을 그녀의 남편과 함께 도망가게 할 때의 "내 눈을 봐요"라는 대사는 아주 유명하다.

문화권별로도 특별한 이별 동작들이 있다. 에스키모들은 헤어질 때 코를 비비고, 스위스에서는 친근한 사이라면 살짝 세 번 키스하는 것이 일반적인 인사법이며, 한국이나 일본에서는 허리를 굽혀 인사한다.

여러분은 이사나 유학, 긴 여행을 떠나는 사람에게 환송회를 마련하거나 선물을 주는 일 등과 같은 일상적 의례들을 잘 알고 있으리라 생각한다. 남녀 관계가 끝날 때는 상대방에게 집 열쇠나 반지를 돌려주거나 받았던 선물을 모두 돌려주는 등의 '불편한' 의례가 필요하기도 하다.

역에서 열차가 떠날 때 스피커를 통해서 나오는 안내는 이제 열차의 문을 닫고 출발할 것이라는 사실에 대해서 주의를 환기시키는 것이다. 배가 출항할 때는 부두에 남아 있는 사람들의 모습이 완전히 사라질 때까지 고동을 울린다. 비행기가 이륙하기 전의 기장의 차분한 안내 방송, 안전벨트를 착용하고 좌석을 똑바로 세워달라는 기내 승무원들의 요청, 그리고 비상 탈출구와 안전규정에 대한 안내 또한 그렇다.

우리는 매일 아침 집을 나서기 전에 자신만의 작은 이별 의례를 진행한다. 창문을 닫고, 전등이 꺼져 있는지 가스밸브가 열려 있지는 않은지 다시 한 번 살펴보고 문을 잠근다. 집을 나서기 전에 좀 더 과장된 의례를 실행하는 사람도 있다. 가스레인지나 커피메이커를 껐는지, 문이 확실하게 닫혔는지 여러 번 살펴보는 것이다. 이렇게 지나치게 확인해보는 사람들은 이런 의례들이 일상생활의 장애가 되지 않도록 전문가의 도움을 고려해봐야 한다.

많은 회사가 오랫동안 일해온 직원들의 퇴직을 사업 파트너들에게 알려준다. "X씨가 우리 회사를 그만두었습니다." 사업 파트너들이 혼란을 겪거나 당황하지 않도록 하기 위해서다. 일반적으로 기업체에서는 한 직원이 그 직장을 떠나게 될 때 사장이 나머지 직원들에게 알려준다. 공로가 있는 직원에게 작은 감사의 선물을 주기도 한다. 그들이 직장에 대해서 좋은 기억을 갖고 물러날 수 있도록 배려하는 것이다. 정년퇴직이나 명예퇴직을 할 때 퇴직금을 받는 것도 직업적인 이별 의례의 한 부분으로 이해할 수 있다.

축복은 이별 예식의 가장 흔한 형태이다. 특히 교회에서는 헤어지는 이에게 신의 보호와 좋은 일이 있기를 축복해준다. 교회에서뿐만 아니라 일상생활에서도 많은 사람들이 떠나는 사람에게 일종의 축복을 기원한다. 예를 들면 부모의 집에서 나와 독립할 때, 대학을 졸업할 때 또는 직업훈련을 마쳤을 때, 심지어는 치료를 끝냈을 때도 마찬가지다. 회사에서는 그만두는 사람에게 형식적인 미사여구로 축복해준다. 예를 들어 경력증명서에 '당신의 미래에 좋은 일만 있기를 바랍니다'라는 등의 문구를 넣어주는 것이다.

이러한 이별 의례들, 즉 가도 된다는 분명한 허락은 이별을 좀더 쉽게 하기 위한 것이다. 이별에 대한 자기 책임감과 그에 대한 의구심을 떨쳐버리기 쉽게 해주는 것이다.

하지만 여러분은 또한 동화에 나오는 부정적인 이별 의례도 잘 알고 있다. 예를 들면 헤어지는 사람에게 퍼붓는 저주 같은 것이다. 동화 주인공의 노력으로, 또는 도움을 주는 정령들을 통해서 저주를 극복하는 이야기는 그 저주를 물리칠 수 있으며 축복으로 바꿀 수 있다는 것을 보여준다. 많은 종교나 문화권의 이혼 의례에는 아직도 그러한 일종의 가벼운 저주가 남아 있다. 예를 들어 유대교나 이슬람교에서는 이혼이 성립되도록 세 번에 걸쳐 "내가 너를 쫓아낸다"라고 말해야만 한다.

그렇다면 다음을 한번 생각해보자.

- 일상생활에서 여러분은 어떤 크고 작은 이별의 의례를 하는가?
- 그것들은 부모나 조부모, 또는 교회나 다른 단체들에서 배운 것인가?
- 배우자나 아이들과 함께 어떤 이별 의례를 만들어본 적이 있는가?

예전에는 어린 시절에서 벗어나는 시점과 성인의 생활로 접어드는 과도기에 크고 작은 의례를 거행하는 경우가 많았다. 요즘은 점점 줄어들고 있지만, 아이가 책임 있는 크리스천이나 성인이 되었다고 선포하는 견진성사와 같은 예식은 아직도 남아 있다. 하지만 대부분의 교인들은 이런 축하 예식의 원래 의미를 잘 모르고 있다. 그저 가족이 함께 모이는, 특히 선물을 교환하는 기회로 변질된 것이다. 그렇다 하더라도 아이들의 성장 단계에 따른 세속적인 작은 이별 의례는 아직도 많이 하고 있다. 졸업식이나 입학식, 성인식 등이 그것이다. 그러나 성인이 되면 공식적인 이별 예식을 그다지 거행하지 않는다. 하지만 여러분이 무언가 종지부를 찍거나 끝내고 싶을 때, 이별 예식은 도움이 될 수 있다. 예를 들어 이혼 예식이 그렇다.

최근 결혼식과 비슷하게 이혼 예식을 거행하는 사람들이 있다. 이혼 예식을 거행하는 사람들은, 비록 결혼 생활이 불행하게 끝나게 되었지만 결혼 생활의 긍정적인 순간들을 기억하는 것이 중요하다고 설명한다. 그렇기 때문에 친구들이나 친척들에게 그들의 결혼이 좋게 끝난다는 것을 알려주는 이별 예식을 거행하는 것이다. 그럼으로써 당사자들이 나중에 가벼운 마음으로 다시 만날 수 있다. 그렇지만 이혼 예식은 분명 아직까지는 이례적인 것이며, 대부분은 조용히 이혼 절차를 밟고 헤어진다.

그러나 이혼으로 방황할지도 모를 자녀들에게 가족 치료적인 이혼 예식은 큰 도움이 된다. 지금까지 함께 살던 가족이 각자 새로운 삶을 살게 되는 변화를 받아들이고, 부모의 이혼을 새로운 시작으로 이해할 수 있도록 도와주기 때문이다. 물론 이는 부모가 경제적인 일들과 정서적인 일들을 깨끗하게 정리하고 아이들의 안정을 위해 좋게 헤어질 때만이 가능하다.

이혼 예식의 절차는 다음과 같다. 먼저 부모가 가족을 구성했을 때 가졌던 바람을 이야기한다. 그리고 자녀가 납득할 수 있는 이혼의 이유를 설명한다. 회고 단계가 끝나면 과거에 함께했던 생활양식과 이별하고, 가족이 언제 다시 만날 수 있는지 새로운 조건을 만들어본다. 즉 아이들에게 질서와 안정감을 주는 미래의 규칙들을 상의하는 것이다. 그런 다음에 이혼으로 당황해할 수 있는 가족이나 친구들과 함께 이혼 예식을 거행한다.

이러한 이혼 예식에는 단순히 서류를 정리하는 것보다 훨씬 많은 노력이 필요하다. 하지만 많은 사람들이 이혼 과정에서 깨지지 않아도 될 그릇들을 깨트리고 더 이상 회복할 수 없는 정서적, 경제적 피해를 입는 것을 생각해본다면, 한번쯤은 해볼 만한 가치가 있다고 생각한다.

이 외에도 트라우마 치료EMDR[9]에는 '금고 연습' 이라는 이별 의례가 있다. 상상력을 빌려 부담스러운 체험의 내용들을 한동안 잊어버리는 것이다. 안전하다고 판단되고 자물쇠를 채울 수 있는 공간에서, 이를 테면 서가나 자물쇠를 채울 수 있는 금고 안에서

---

9 EMDR은 안구운동 민감소실 및 재처리 요법Eye Movement Desensitization & Reprocessing의 약자로 혁신적인 정신 치료의 한 방법이다. 교통사고, 강간, 폭행, 자연재해 등으로 인한 심각한 정서적 고통을 치료하는 것이 목적이다. 1987년 미국의 심리학자 샤피로Francine Shapiro는 우연히 안구 운동이 부정적이고 기분 나쁜 생각을 감소시킨다는 사실을 발견했다. 이후 샤피로 박사는 베트남 참전 용사와 성폭행 피해자들이 앓고 있는 외상후 스트레스 질환의 증상을 감소시키는 영향을 연구했다. EMDR, 즉 이 새로운 치료 방법으로 연구 대상자들의 플래시백(사고 장면의 순간적 재현), 부정적 사고가 줄어드는 것을 발견했다. 1989년부터 EMDR은 전 세계 임상 연구가에 의해 발전되어왔고, 이제는 여러 이론적 경향, 즉 정신분석, 인지 치료, 행동 치료, 고객중심 치료를 총망라하는 복합적인 방법이 되었다—옮긴이.

부담스러운 체험이나 생각들을 내려놓는다고 상상하는 것이다. 그런 다음 그 금고의 문이 뒤에서 닫힌다고 상상한다. 그리고 동시에 소리를 상상한다. 자물쇠 안에서 열쇠가 돌아가는 소리, 열쇠를 뽑는 소리를 듣는 것이다. 그리고 마음속으로 열쇠를 가져가는 상상을 한다. 생각 또는 주제는 금고 안에 갇힌 채 남는 것이다. 일반적으로 이러한 정신적 '저장 상태'는 얼마 동안은 잘 된다. 그렇지만 가두어졌다는 정신적 부담이 되살아나면, 연습을 반복하는 것이 좋다. 이 연습은 정신적으로 부담이 되는 생각들과 자기 비난에서 일시적으로 벗어나고 싶거나 부담을 덜고 싶을 때 생각을 멈출 수 있게 해주는 정신적 의례로서도 적합하다.

일상생활에서 여러분이 자신을 위해서 종지부를 찍고 싶다든지 마침표를 찍고 싶을 때, 작은 이별 예식들이 도움이 될 수 있다. 분리해서 떨어뜨리는 것이 힘들다면, 결별하겠다는 의지로 예식을 강화시킬 수 있다.

- 여러분이 예식의 도움을 받아 무언가와 이별하거나 끝내고 싶다면, 여러분의 결별 계획에 힘을 주고 목표 달성을 도와줄 수 있는 적합한 예식을 만들어내라. 예를 들어 금연을 하고 싶다면 라이터와 재떨이를 지하실로 치워버리거나 버려라. 또는 담배를 잘게 부수어서 흐르는 강물에 뿌려버릴 수도 있다.
- 여러분이 해결하고 싶은 것들을 큰 글씨로 종이에 적어라. 헤어

지고 싶은 사람이나 일에게 상징적으로 편지를 써도 좋고, 불편한 감정들에 대해 써도 좋다. 그리고 그 종이나 편지를 엄숙하게 찢거나 태워버려라. 이러한 의례를 통해 보다 쉽게 그 문제들을 극복할 수 있다.

- 마음속으로 어떤 일이나 사람과 일시적으로 결별하고 싶지만 시간을 낼 수 없다면, 위에서 언급된 금고 연습을 통해서 일시적인 결별을 시작할 수 있다.

- '나는 네가 더 이상 필요하지 않아' 또는 '나는 그것에서 벗어날 거야' 같은 생각을 가지고 작은 이별의 예식들을 하라. 아니면 단지 "안녕!"이라고만 말하라.

분명히 이것 외에도 일상적인 이별에 도움을 줄 수 있는 여러분들만의 작은 예식들이 많이 있을 것이다.

part 2 나의 이별 스타일은

이별에 대한 불안은 크게 세 가지로 나눌 수 있다. 분리 과정에 대한 불안, 버림받는 것에 대한 불안과 관계가 있는 떼어놓은 후의 공허감에 대한 불안, 그리고 마지막으로 새로운 것에 대한 염려와 함께 나타나는 나중에 후회할 것에 대한 불안이다.

이러한 세 가지 형태의 이별의 불안(떼어놓기에 대한 불안, 떼어놓은 후의 공허감에 대한 불안, 새것에 대한 불안)은 서로 다르게 표현되지만 누구에게서나 나타날 수 있다. 예를 들어, 세 가지 불안 중에서 버림받는 것에 대한 불안과 공허함에 대한 불안이 차지하는 비중이 높은 사람이라면 이미 알고 있는 것에만 집착하는 경향을 보인다. 언제나 똑같은 곳을 여행하며, 잘 아는 사람들하고만 어울리고, 새로운 음식은 먹지 않는 등 이 밖에도 많이 있다. 이와 반대로 새것에 대한 염려와 후회할 것에 대한 불안이 더 많은 비중을 차지하고 있는 사람이라면, 항상 마음의 결정을 내리지 못하고 주저하며 주위 사람들에게 이중적인 감정을 주고 또한 그렇게 행동하게 된다. 반대로 이별에 대한 자신의 불안을 쫓아낸 사람은, 모험을 할 준비가 되어 있는 사람으로 비춰진다. 이런 사람은 새로운 일에 관심을 가지지만 그 관심이 오래가지는 않는다. 즉 그것들에서 가능한 빨리 벗어나고 구속받으려 하지 않는다. 이러한 세 가지 이별의 불안이 어떻게 혼합되어 있는지, 그리고 그것에 동반되는 '하위의 불안들'이 차지하는 부분은 얼마나 되는지는 사람마다 다르다. 이렇게 여러 가지로 혼합되어 다양한 이별 유형들을 만들어내는 것이다.

이러한 이별 전형들 중 몇 가지를 아래에 소개하겠다. 그것들은 '집착'과 '새로운 것 찾기'라는 양극단 사이에서 움직이며 몇 가지 '하위의 불안들'을 가지고 있다. 이를 가지고 여러분은 자신의 이별 유형을 확인해볼 수 있을 것이다. 덧붙여 이 장의 앞에서 진행한 〈심리 테스트〉 결과와도 비교해볼 수 있다. 이 테스트를 통해 여러분은 자신이 어떤 이별 유형을 가지고 있는지 간단히 확인할 수 있었다. 테스트의 결과와 다음에서 설명하는 이별 전형들을 비교해보길 바란다. 또한 지금까지 소개한 여러 사례들과 비교해봐도 좋다. 이를 통해 자신이 가진 이별 유형의 장점과 약점을 발견하고 그것을 변화시키거나, 자신의 이별 전형으로 받아들이고 싶은 유형을 발견할 수도 있을 것이다.

| **집착하는 사람** | 집착하는 유형에는 여러 하위 유형이 있다. 여기서는 이를 크게 네 가지 하위 유형으로 나누어서 소개하고자 한다.

유형 1 : 매달리는 사람

이 유형의 사람들은 떼어놓는 것에 심한 불안감을 가지고 있다. 그래서 이별과 분리를 좋아하지 않는다. 솔직히 말하면, 조금 두려워하기까지 한다. 그렇기 때문에 끊임없이 고민하고 계속 자기 자신에게 묻는다. 지금 나는 모든 걸 제대로 하고 있는가. 이제 제대로 되었는가.

　이들은 여러 가지, 이를 테면 신문이나 잡지, 책, 옷, 생각 등을 수집하고 간직한다. 그래서 집착하고 매달리기에 앞서 정신적으로나 물질적인 면에서 '자질구레한 것을 버리지 못하는 사람'이 될 위험이 크다. 그는 자기 자신과 다른 사람들에게 지나친 요구를 하고 끊임없이 자신을 그 정황의 희생자로 여기는 동시에 마음속 깊이 자리 잡고 있는 치욕감에 시달린다. 새로운 것은 모두 그를 불안하게 하므로 가능한 피하려고 노력하며, 그 대신 '익숙한 것은 이미 입증된 것이다'라는 규칙 뒤에 자신을 숨긴다.

　이러한 수동성과 집착 때문에 주변 사람들은 그를 피하거나 싫어하게 된다. 자신은 다가가지 않으면서 사람들이 그에게 다가오도록 강요하기 때문이다. 아이러니하게도 사람들과 관계를 맺고 싶어 하는 소망 때문에 생긴 집착으로 인해, 오히려 사람들과의 관계가 실패로 돌아간다.

그가 관계에 집착하고 매달릴수록 주변 사람들은 그를 성가시게 생각하고, 피하게 된다. 그렇지만 그럴수록 그는 더욱 매달리고 불평한다. '매달리기—물러서기—실망—더욱 매달리기'라는 악순환이 시작되는 것이다. 그래서 매달리는 사람의 인간관계는 우울증과 더불어, 사람들이 자신을 사랑해주지 않고 자신에게 관심을 가져주지 않기 때문에 자신은 쓸모없는 사람이라는 실망감으로 끝나게 된다. "내가 왜 버림받는지 전혀 모르겠어요", "누구도 나에게 시간을 내주지 않아요" 등이 이때 자주 나타나는 불평들이다. 이 사람이 대화 중에 자주 하는 말은 "그래요, 하지만……"이다.

3장의 카롤라가 '동화 속 왕자'를 찾는 이야기에는 그러한 매달리기의 역학이 잘 나타나 있다. 여러분은 그 이야기에서 사람들이 어떻게 그런 상황에 빠지게 되는지 보았다. 하지만 여러분이 카롤라일 수도 있다.

여러분 자신에게서 이와 비슷한 집착의 경향을 발견한다면, 뒤에 나오는 〈유쾌하게 헤어지기 위한 8가지 스텝〉을 이용하라. 그 중에서도 특히 스텝 1에서 스텝 3까지를 주의 깊게 읽어보고, 자신에게 다음과 같이 질문해보라.

- 내가 수집한 물건들 모두가 정말로 필요한가? 이것들을 모두 가지고 있어야만 하는가? 나중에 구할 수 있지 않을까? 나는 왜 오래된 것과 오래된 관계에 집착하는 걸까?
- 이미 오래 전부터 금이 가기 시작한 우정을 끝내거나, 지루해져 버린 인간관계를 끊는 것이 정말 그렇게 무서운 일일까?
- 조금 덜 구속적인 관계를 맺으며 살 수도 있지 않을까?
- 관계를 형성하는 데 늘 다른 사람을 쫓아가는 것 외에 다른 방법은 없을까?
- 새로운 것을 시도해보기 위해 무엇으로 내적·외적 확신을 얻을 수 있을까?

유형 2 : 망설이는 사람

이 유형의 사람은 어디에 한번 안착하면, 그것이 직장이든 미팅이든 컴퓨터 앞이든 친구들을 방문할 때든 떠날 줄 모른다. 이들은 모임이나 파티에서 항상 끝까지 남아 있다. 또는 이별을 하고 싶을 때나 가야만 할 때 늘 무엇인가를 새롭게 시작한다. 출발하기 전에 또 다른 주제를 언급하거나 그 순간에 끝낼 수 없는 다른 일을 시작하는 것이다. 나가기 전에 짧게 통화를 한다고 하지만, 항상 그렇듯이 예상보다 더 많은 시간이 걸리기 마련이다. 잠깐 한두 번 더 옷을 갈아입기 때문에 약속 시간에 늦을 수밖에 없다. 2장에서 소개한 소냐와 슈테판의 이야기가 바로 이런 예다.

이러한 망설이는 사람의 태도에 주변 사람들은 분노하다가 점점 무관심해진다. 즉 처음에는 화를 내다가 결국 늦게 오고 오래 머무는 그의 특성에 길들여져 신경질적인 관용을 보이는 것이다.

여러분도 혹시 떠나기 직전에 무언가 해야 할 일을 생각해내는 사람인가? 특정한 장소에 계속 머물고 싶어 하는 사람인가? 그렇다면 〈유쾌하게 헤어지기 위한 8가지 스텝〉 중 스텝 1과 스텝 2, 스텝 6 등을 시도해보길 바란다.

- 지금 파티 장소에서 떠나고, 헤어지기 싫은 친구와는 다음에 따로 만날 약속을 하면 무슨 일이 벌어질까?
- 중요한 일을 놓칠까 불안한가? 여러분이 그 장소를 떠난 후에 무슨 일이 벌어질지 상상해보라.
- 시간을 정하라. "오늘은 곧바로 집에 가고 내일 일찍 중요한 전화를 해야지." 어떤 느낌이 드는가?
- 친구나 동료들처럼 정해진 시간에 정확히 초대받은 곳이나 미팅 장소에 도착한다면 어떤 기분일까?

유형 3 : 안전제일주의자

안전제일주의자는 이별을 하기는 한다. 하지만 대상, 습관, 또는 사람들과 궁극적으로 이별하지 못하고, 나중에 돌아올 날을 위해 항상 뒷문을 조금 열어둔다. 언제나 의도적으로 무엇인가를 남겨두는 것이다.

결혼을 하기 위해 남자 친구가 있는 미국으로 이민을 간 친구가 있다. 미국으로 떠나기 전에 그녀는 독일에서 읽던 책들을 상자에 담아 이웃집 지하실에 쌓아두었다. 언젠가 다시 독일로 돌아오면 필요할 것이라고 생각했기 때문이었다. 10년 뒤 이웃집 여자는 이사를 하면서 그 상자들을 모두 버렸다. 그 사이에 그녀 또한 미국에 뿌리를 내렸고, 이웃집에 남겨두고 온 것은 더 이상 생각하지도 않는다.

어른이 된 자녀들은 어린 시절의 일부를 집에 남겨둔다. 여러분이 이미 앙겔라의 이야기에서 읽었듯이, 그것은 어린 시절과 부모를 그리워하는 연대감의 표시다. 어떤 남자는 헤어진 여자 친구 집에 둔 자신의 물건들을 가지고 가는 것을 '잊는다'. 그러나 여자 친구는 그를 잊지 못한다. 여러 번 요구했음에도 불구하고 이곳저곳에 가져가지 않은 그의 잡동사니들이 놓여 있어 화가 날 수밖에 없기 때문이다. 그러다가 참지 못하고 하루 날을 잡아 모든 것을 정리한 후에 현관에 쌓아두고 그에게 가져가라고 요구할지도 모른다.

안전제일주의자들은 자기 대신 끝내주고, 자기 대신에 뒤에 남겨진 것들을 없애주는 주변 인물들을 가지고 있다. 그는 항상 놓아두고 온 것을 잊어버리기 때문에, 상대방이 여러 번의 경고와 분노, 불쾌감을 표시한 뒤에 대신 처리하는 것이다. 그런 경우에 대개 그 사람과의 관계는 좋지 않게 끝나게 된다. 그렇지만 이렇게 관계가 끝날 경우, 안전제일주의자는 자신이 상대방에게 마지막 이별의 행위를 떠맡겼음에도 불구하고 자기가 상대방에 의해 '버려졌다'고 불평한다.

이런 태도로 인해 안전제일주의자는 새로운 장소나 새로운 상황과 관계를 맺을 때 비싼 대가를 지불하기도 한다. 새로운 관계를 맺을 때도 한쪽 발을 여전히 다른 곳에 두고 있어서, 사회적으로나 정서적으로 새로운 곳에 뿌리를 내리지 못하기 때문이다.

여러분이 자신에게서 이런 모습을 발견한다면, 다른 사람들과의 관계에서 '기념품'으로 받고 싶은 것이 무엇인지 자신에게 물어보라(스텝 1 자신의 상황 분석하기).

- 정말로 여러분이 남겨놓은 물건들이 언젠가 다시 필요한 것인가? 아니면 그냥 그것들이 버려질까 불안한 것인가?
- 다른 사람들을 신경 쓰지 않고, 돌아오겠다는 약속을 하지도 않은 채 그냥 여러분의 길을 가도 되지 않을까?
- 이별 후에, 다른 곳으로의 이사 후에, 또는 여러분의 삶의 중심이 변화한 후에 사람들이 여러분을 잊어버릴까 불안한가?
- 스텝 5 '새로운 시작의 결과에 대한 조사' 전략을 이용하고 무엇이 기대될 수 있는지 생각해보라.
- 이별한 후에 친구나 지인들 또는 부모와의 관계를 이어갈 때, 격

정되는 것이 무엇인지 상대방과 이야기하라. 그리고 여러분이
그들과의 관계를 지속하면서 원하는 것이 무엇인지 이야기를 나
누어라.

• 그들과의 미래를 위한 계획을 세워라. 그럼으로써 그 계획이 실
현될 수 있을지, 아니면 여러분에게 더 중요한 다른 일들이 생겼
는지 알 수 있을 것이다.

이렇게 하면 이별 후에도 쉽게 자신의 길을 갈 수 있다. 이를
위해 여러분도 적극적으로 참여할 수 있는 미래를 위한 약속을
한다. 예를 들어 시간을 정하고, 그 시간 안에 방문하겠다고 제안
하는 것이다. 그럼으로써 사람들이 여러분을 기억해줄까 염려할
필요가 없어진다. 하지만 호의적인 생각만으로 기억되는 것이 아
니라 남겨놓은 거추장스러운 짐들 때문에 분노와 원망의 감정으
로도 기억될 수 있다.

유형 4 : 불만을 가지고 오래 버티는 사람

집착하기의 특수한 형태가 오래 버티기이다. 이해를 위해 시를
하나 소개하겠다. 프리드리히 뤽케르트Friedrich Rückert의 〈어디서나
데려가주기를 바란 소년Vom Büblein, das überall hat mitgenommen sein
wollen〉이라는 시에 나오는 사내아이는 자신의 상황에 처음에는
기뻐하지만, 바로 불평을 늘어놓는다. 아이는 변화를 바란다. 하

지만 스스로 변화하기보다는 외부에서 변화가 오기를 바라고, 누군가가 자신을 위해 변화를 완성시켜줄 때까지 투덜대기만 한다. 여기서 시의 일부를 소개하겠다.

생각하라! 소년이 언젠가

비젠탈에서 산책을 갔다.

몹시 피곤해진 소년은 말했다.

"더 이상 못하겠어.

누군가가 와서

나를 데려가주었으면!"

그때 시냇물이 흘러왔다.

그러고는 소년을 데리고 갔다.

소년은 시냇물 위에 앉아서 말했다.

"이제 맘에 들어."

하지만 너는 어떻게 생각하니?

시냇물은 차가웠다.

소년은 곧 느끼게 되었다.

소년은 몹시 추워 얼어붙었다.

소년은 말했다.

"더 이상 못하겠어.

누군가가 와서

나를 데려가주었으면!"

그때 작은 배가 떠내려 왔다.

그러고는 소년을 데리고 갔다.

소년은 작은 배에 앉아서 말했다.

"이제 맘에 들어."

하지만 너는 아니? 그 작은 배는 좁았다.

소년은 생각하기를 '언젠가는 떨어지겠는걸'.

소년은 몹시 걱정을 하며 말했다.

"이제는 싫어졌어.

누군가가 와서

나를 데려가주었으면!"

이처럼 소년이 끊임없이 불평만 할 거라는 것을 여러분은 이
미 알아차렸을 것이다. 달팽이를 타고 가는 것은 너무 느리고, 말
탄 사람과 함께 가는 것은 너무 빠르다고 그는 불평을 늘어놓는
다. 하지만 언제나 새로운 이동수단은 소년을 만족시키지 못할
것이다. 삶에서도 마찬가지다. 어떤 일이 끝도 없이 잘 되는 경우

는 없다. 결국 소년은 나무에 붙잡혀 매달리게 된다.

> 그때 한 나무가 오더니
>
> 그 소년의 머리카락을 채어갔다.
>
> 나무는 소년을 높은 나뭇가지에 매달았다.
>
> 그곳에 소년은 매달려서 버둥거린다.
>
> 아이가 묻기를
>
> "그 소년은 죽었니?"
>
> 대답하기를
>
> "아니! 아직 버둥거리고 있어.
>
> 내일 나가서 내려줄 거야."

오래 버티는 사람은 이 소년과 비슷하다. 다른 사람이 대신 이별을 수행할 때까지, 어떤 일들이 끝날 때까지 계속 기다릴 뿐이다. 관계에 있어서든, 이미 오래 전부터 기쁨을 주지 못하는 지루한 직장에서든, 아니면 결코 성공할 것 같이 보이지 않는 프로젝트에서든 끝까지 버틴다. 너무 늦었다고 생각될 때까지, 또는 어떤 사람이 불편한 이별을 자기 대신 떠맡아줄 때까지 오랫동안 기다리는 것이다. 그런 점에서 이 사람은 망설이는 사람과 비슷하다.

오래 버티는 사람은 오래 기다리면 언젠가는 다시 의미를 얻게 될 것이라고 항변한다. 오래 기다리는 사람의 유형에는 향수에 잘 젖어드는 사람과 낭만주의자도 포함된다. 놓아버리는 행위를 방해하는 중요한 마음속의 확신은 '분명히 나중에 필요할 때가 있을 거야'다. 아니면 '옛날이 더 좋았어'라고 믿거나 '언젠가는 배우자의 성격이 바뀔지도 몰라'하고 기대한다.

오래 버티는 사람은 이별에 대한 불안감을 습관적인 망설임으로 조절한다. 그의 행위들은 무엇인가를 '해야 한다'는 옛 전형이나 마음속 규칙들에서 비롯된 것이다. 매달리는 사람과는 다르게 오래 버티는 사람은 다른 사람들에게도 무엇이 옳고 그들이무엇을 해야 하는지를 규정해주려는 경향이 있다. 그는 대개 비난하는 태도로 이것을 수행한다.

남녀 관계에서도 오래 버티는 사람은 상대방이 마음의 문을 닫거나 헤어지도록 결심하게 할 위험이 있다. 융통성이 없고, 고집을 부리며, 변덕스럽게 보이기 때문이다. 그 자신도 왜 그런지전혀 이해하지 못한다. 그렇지만 사람들은 그를 괴팍한 사람으로알고 있다. 처음에는 주변 사람들이 그가 경직된 확신에서 빠져나올 수 있도록 도와주고 어떻게 변화해야 하는지 좋은 조언을해주기도 한다. 하지만 매달리는 사람과는 다르게, 이 유형의 사람들은 끊임없이 그 조언에 반대하는 논거를 대고 자신이 제안한대로 해야 하는 이유를 제시한다. 결국 주변 사람들은 진저리를내고 발을 빼는 것이다.

여러분도 오래 버티는 사람의 경향이 있다면 다음과 같이 자신에게 물어보라.

- 나의 태만은 습관일 뿐일까? 혹시 나 자신과 내 소원을 다른 사람들에게 보여주고 그것에 책임을 지는 것을 두려워하기 때문은 아닐까?
- 좀 더 용기를 가지고 목표를 추구하려면 어떤 뒷받침들이 필요할까?
- 새로운 일을 할 때 전문가가 아니라 초보자라고 인정받는 것이 불안한가? 그렇기 때문에 이미 오래 전부터 지루하게 느꼈음에도 불구하고 옛것에 계속 머무르고 있는 것은 아닐까?

그리고 스텝 4 '조언 구하기'와 스텝 7 칭찬해주고 모범적인 전형 찾기' 전략을 이용하라. 이것들을 가지고 여러분의 교제 관계에 끼치는 영향을 조사하라. 그리고 여러분에게 익숙하지 못한 새로운 단계에서는 도움을 요청하라.

|**피하는 사람**| 이별에 대한 불안의 한쪽 끝에는 새로운 것에 대한 불안이 자리 잡고 있다. 이 불안은 이별의 문제를 부인하거나 이별 앞에서 피하는 태도로 나타난다. 이 유형에는 세 가지 하위 유형이 있다.

유형 5 : 관계를 찾아 헤매는 사람

이 유형의 사람들은 이별에 대한 불안을 밖으로 나타내지는 않는다. 오히려 겉으로는 새로운 것을 좋아하는 듯 보인다. 그와 관계를 맺는 것은 어렵지 않으며, 그는 상황과 사람들에 매우 빨리 융합된다. 그러나 돌아서자마자 그는 모두 잊어버린다. 상대방은 그가 약속한 전화를 헛되이 기다릴 뿐이다. 그사이 관계를 찾아 헤매는 사람은 벌써 다른 공간에 가 있다. 그는 이별과 이별의 아픔을 건너뛰고 그 대신에 새로운 일에 몰두한다. 이별에 대한 기억과 체험을 허용하지 않기 때문에 그것과 연관된 일을 불러낼 수 있는 기억도 저장할 수 없다. 이와 같이 무시된 이별들은 많은 시간이 지난 후 심신 상관적 고통으로 나타난다. 실패로 끝난 관계나 우정 뒤에 혼자가 되었다는 느낌으로 우울증이 찾아오는 것이다.

이 유형의 사람은 사회적 관계에서도 많은 오해를 받는다. 그 어떤 결속력도 없어 보이기 때문에 상대방은 자신에게 관심이 없고 진지하게 생각하지 않는다는 느낌을 받는 것이다.

인터넷과 휴대폰 문화로 인해 오늘날 우리 사회의 결속성과 자율성은 빠르게 변화하고 있다. 인터넷과 휴대폰 문화는 이별의 불안을 감쇄시켜주기 때문이다. 인터넷 채팅 방은 언제든지 구속받지 않고 로그인하고 로그아웃할 수 있다. 상대가 마음에 안 들거나 다른 일이 있으면, 상대방에게 '끝낸다' 는 말도 할 필요 없이 그냥 접속을 끊으면 된다. 그러나 인터넷 채팅에 열중하는 것은 또 다른 부작용을 낳는다. 낭만적인 기대를 가지고 파트너를 구하기 위해 인터넷 만남 사이트에 들어간 사람들은 짧은 인터넷 상의 만남 후에 상대방으로부터 접속이 차단되어 더 이상 연결되지 못할 때 크게 실망하게 된다. 이처럼 아무런 말없이 버림받는 것은 이별과 관련된 옛 상처를 다시 건드릴 수도 있으며, 큰 마음의 병을 만들 수도 있다.

유형 6 : 이륙에 중독된 사람 또는 철새

'관계를 찾아 헤매는 사람' 외에도 이별을 부인하는 유형에는 한 가지가 더 있다. 바로 '이륙에 중독된 사람'이다. 이는 그만두지 못하고 계속 이동 중에 있는 사람을 가리킨다.

내가 상담을 한 사람들 중의 하나는, 직장 생활 중에 매일같이 비행기를 타고 이 나라에서 저 나라로 출장 가는 것을 즐겼다고 이야기했다. 출장 중에는 회의나 업무로 바빠 관광이나 휴식 시간이 전혀 없었는데도 그랬다는 것이다. 그는 언제나 출장 중에는 자신이 쉬지 않고 움직이고 있으며 새로운 것을 체험한다는 기분이 들었다고 한다. 쉬거나 어딘가에서 조금 더 오래 머무르면 불안해진다는 것이다. 공항에서 출발을 기다릴 때의 분위기와 낯선 곳에 있다는 생각은 자유로운 느낌을 주었다고 한다. 그가 말하듯이 그는 그것에 중독된 사람이었다. 그래서 정년퇴직을 하고 더 이상 출장을 가지 않는데도, 그는 아직도 매주 2~3차례 이륙 전의 '킥 오프 기분'을 만끽하기 위해 공항으로 간다. 이별에 대해서 신경 쓰지 않고 그냥 떠나고 싶어 하는 그의 강한 욕구가 출장을 통해 해결된 것이었다.[10] 매주 공항에 가는 것은 그런 습관을 유지하기 위한 자신만의 해결책인 것이다.

일상생활에서 이륙에 중독된 사람은 중간 중간에 쉴 시간을 거의 내지 못한다. 만남들 하나하나가 어떤 특별한 일들을 가져다줄 수도 있는데, 그들은 그 사실을 알지 못한다. 그래서 사람들이 자신을 제대로 알기도 전에 가버리는 것이다. 그렇기 때문에 그와의 관계는 늘 숨차고 여유가 없다. 그는 무엇인가를 기억하는 것 같지도 않고 그냥 반복할 뿐이다. 그는 자신처럼 이륙에 중독된 사람들에 둘러싸여 있는 경우가 많으며, 그 사람들과 가장 좋은 관계를 유지할 수 있다. 그를 불러내는 곳은 공항뿐만이 아니다. 글로벌 프로젝트, 익스트림 스포츠, 다방면의 일을 동시에 하는 것 등이 끊임없는 이륙에 대한 욕구를 만족시켜줄 수 있다.

---

10 영화배우인 제라르 드파르디외Gérard Depardieu는 2006년 7월 15/16일 주말판 〈르 피가로〉와의 인터뷰에서 비슷한 현상에 대해서 말했다. 어렸을 때 그의 어머니는 오를리 공항에서 근무했다고 한다. 때문에 그는 공항에서 자주 시간을 보냈고(방학 중에는 하루 종일), 비행기가 이륙하고 착륙할 때마다 외국에 대해 꿈을 꿨다. 그래서 지금도 그는 이동 중일 때 집중할 수 있다는 것이다. 영화 속의 다양한 역할을 해내기 위해 그가 전 세계를 다니며 열심히 일하는 이유가 바로 여기에 있다.

유형 7 : 무슈 아듀와 마담 아듀

무슈 아듀(마담 아듀)는 구속을 매우 불안해한다. 이 유형의 사람들은 그런 자기 자신을 알고 있고, 가끔 그것에 대해서 말을 하기도 한다. 그가 알지 못하는 것은 이별의 불안과 깊은 곳에 자리잡고 있는 융화의 소원이다. 이런 사람들은 "나는 잘 헤어질 수 있어요"라고 말한다. 이것 또한 틀린 말은 아니다. 그러나 그전에 그는 제대로 관계를 맺은 적이 없다. 그와의 관계에서 눈에 띄는 점은 만나자마자 자기가 오래 있을 수 없다고 말하는 것이다. "곧 다시 가봐야 해요." 이것은 그에게서 친근함을 기대하지 말라는 분명한 신호인 셈이다. 가끔 그는 약속 시간에 늦기도 한다. 하지만 이는 2장에 등장하는 소냐처럼 사전에 수백 가지의 사소한 일들을 처리해야 하기 때문이 아니라 자신을 어딘가에 묶어두고 싶지 않기 때문이다. 약속은 다른 사람과 합의된 협정 같은 것이다. 그렇기 때문에 그와 약속을 하는 것은 쉽지 않다. 약속을 취소하거나 변경하는 것은 더 어렵다. 만일 그랬다가는 자신의 자유가 침해당했다고 생각할 수 있기 때문이다.

이 유형의 사람은 새로운 것에 몰두하기를 좋아하고 쉽게 결별할 수 있다. 그는 늘 신상품을 좋아한다. 주기적으로 노트북이나 차를 바꾸고, 유행하는 옷을 입고 나타나며, 최근 가장 인기 있는 레스토랑을 알고 있다. 이 유형의 사람의 첫인상은 매우 매력적이며, 대개 인기가 있다.

주변 사람들은 늘 새로운 생각을 하는 그에게 처음에는 매료되지만 그와 오래 관계를 유지하는 데 어려움을 겪게 된다. 그렇기 때문에 그 관계는 불행하고 짧게 끝나게 된다. 무슈 아듀는 그것을 전혀 깨닫지 못한다. 그는 벌써 새로운 여행길에 접어들었기 때문이다.

마담 아듀 또한 이에 상응하는 행동을 한다. 무슈 아듀와 마담 아듀는 서로 잘 맞을지도 모른다. 하지만 이들이 부부나 연인 관계를 오래 지속시키는 경우는 매우 드물다. 상대방이 먼저 어떤 문제로 조금이라도 마음의 문을 닫게 되면 무슈 아듀나 마담 아듀는 상대방에게 즉시 헤어지자고 공격적으로 반응할 수도 있기 때문이다. 그래서 이들은 대개 다른 사람들로부터 소외당하고 외롭다는 느낌을 받기 시작하는 인생의 후반기에 들어서야 자신들의 처지를 깨닫고 구속을 아쉬워하게 된다.

이런 유형의 사람과 오랫동안 좋은 관계를 유지하기 위한 세 가지 처방전이 있다.

- 무슈 아듀 또는 마담 아듀 유형과는 의도적으로 거리를 두고 만나는 것이 중요하다. 이들이 구속의 불안을 느끼지 않게 하는 것이 중요하며, 집착하지 않는 것처럼 보여서 그들이 피하지 않도록 해야 한다.
- 만약 가능하다면, 그들이 40~45세 정도가 될 때까지 그리고 삶

의 의미와 허무함을 알게 되고 구속적인 관계를 추구할 때까지
기다릴 수도 있다.

- 아니면 그들이 몇 가지 대담한 행동으로 실패할 때까지 기다린
다. 대개의 경우 오랫동안 억눌려 있었던 구속에 대한 자신들의
동경 때문에 깊은 수치심을 느끼게 될 것이다.

이와 관련해서 나는 여러분에게 유명한 인물 한 사람을 상기
시키고자 한다. 구속의 불안으로 말미암아 악마와 계약을 한 사
람으로 바로 괴테의 '파우스트'다.

속세의 유혹과 학문의 인식 사이에서 정신분열증에 걸린 파우
스트는 불만을 가지고 점점 더 많은 지식을 찾아 세상 곳곳을 다
니면서 메피스토의 희생자가 된다. 메피스토는 그에게 최고의 것
들과 삶을 충만히 누릴 수 있는 인식을 약속한다. 반대급부로서
메피스토는 파우스트가 다음 세상에서 자신의 시중을 들도록 요
구한다. 하지만 파우스트가 세상을 돌아다니다가 싫증이 나서 죽
고 싶을 만큼 만족감과 즐거움을 느껴야 한다는 조건이었다. 파
우스트는 그것이 어떤 결과를 가져오게 될지 생각하지 못하고 쉽
게 악마와 계약을 체결한다.

"만일 내가 한가하게 안락의자에라도 눕게 되는 날이면,
어찌 되어도 상관없소!

만일 자네가 감언이설로 나를 속여

자부심이라도 생기게 하여

환락에 취해 떨어지도록 농락할 수 있다면,

그러는 날이 내게는 마지막 날이지."

"내가 어느 순간

좀 기다려라, 너는 정말 아름답구나! 라고 말한다면

너는 나를 꽁꽁 묶어도 좋다.

그런 다음 내가 죽어도 좋다!"[11]

  파우스트가 비록 사랑이 아니라 인식을 통해서 이 비극의 2부
에서 영원의 순간을 지키려 한다는 것을 여러분은 기억할 것이
다. 그럼으로써 그는 악마와의 계약에 따라 자신의 자유와 생명
을 잃어버렸는지도 모른다. 하지만 메피스토는 계획했던 대로 파
우스트의 영혼을 빼앗는 데 성공하지 못한다. 우주의 천지만물이
파우스트를 보호하기 때문이다.

  문학 작품에서는 이와 같이 불안한 성격을 가진 인물들을 많
이 다룬다. 예를 들면 돈 주앙, 오디세우스, 막스 프리쉬의 슈틸
러Stiller[12] 같은 인물들이다. 자유에 사로잡힌 이런 유형은 주변 사

---

11 J. W. von Goethe, *Faust. Der Tragödie erster Teil*(Stuttgart : Philipp Reclam jun, 1978),
   1692~1702행.
12 스위스 출신의 작가인 막스 프리쉬Max Rudolf Frisch의 동명 소설의 주인공으로, 고정관념에 의해
   자신의 본질을 제대로 파악하지 못하는 인물이다—옮긴이.

람들에게는 늘 매력적인 동시에 경악을 일으키는 존재들이다.

　오늘날에는 변화가 필요할 때 더 이상 우주의 도움이나 악마를 만들어낼 수 없다. 그렇기 때문에 피하는 사람들이나 부인하는 사람들과의 관계에서는 상대방에 대한 자신의 기대를 알고 그러한 상관관계 속에서 상대방을 바꾸려 하거나 '그렇게 될 거야'라고 기대하지 않는 것이 슬기로운 행동이다. 무슈 아듀나 마담 아듀 유형의 특수성과 상태를 수용할 마음의 준비를 갖춘다면, 이들과의 관계가 풍요로워질 수 있다.

part 3 어떻게 하면 유쾌하게 끝낼 수 있을까

'이별 능력'이라는 개념은 이별을 감당할 수 있는 힘, 즉 이별하는 방법이 있다는 결론을 시사한다. 그러나 이는 보통 사람들의 이별에 대한 생각과 상반되는 것처럼 보인다. 흔히 우리는 '너무 힘들어서 헤어지고 싶지만 잘 안 돼'라든지 '나는 아무것도 놓아버릴 수 없어'와 같은 말들을 자주 한다. 이런 말은 성공적인 끝내기를 어렵게 만드는 장애물이 길 위에 숨어서 기다리고 있는 것처럼 들린다.

크고 작은 일과 이별하기 위해서 꼭 이겨내야 할 괴물은 이별의 불안이다. 앞에서 말했듯이 이별의 불안에는 두 가지 불안이 밀접하게 작용하고 있다. 바로 미지의 것을 시작하는 데 따른 불안과 실패에 대한 두려움이다. 이 두 개의 불안이 상호작용함으로써 새로운 시작에 대한 호기심이 무의식적으로 통제되는 것이

다. 그 결과 옛것에 집착하고 발전이 정체되는 것이다.

오토 랑크Otto Rank는 《출생의 트라우마Das Trauma der Geburt und seine Bedeutung für die Psychoanalyse》에서 인간의 출생을 예로 들어 이별의 불안이 갖는 이중적인 역학 관계를 묘사했다. 아홉 달 동안 자궁 속에서 적당한 온기와 보호 속에 있었던 아이가 출생의 시점에 세상 밖으로 밀려 나간다. 아이는 새로운 세상을 만나기 위해 안전했던 보호지역을 떠나야만 하는 것이다. 이를 위해 아이와 어머니는 한편으로는 무의식적으로, 다른 한편으로 매우 의식적으로 아이가 나올 때까지 엄청나게 고통스러운 작업을 수행한다. 랑크는 아이의 정체성 형성 과정을 묘사하는 데 출생이라는 생물학적 과정을 이용하면서, 아이가 자궁이라는 천국에서의 추방 이후에 세상에 적응해가기 위해 내딛어야 할 새로운 과정은 마치 하나의 창조적인 행위와 같다고 설명한다. 이런 과정들 속에는 이별의 불안과 이것의 이중직 현상, 즉 놓아주고 자신을 희생하고 무엇인가를 끝내는 것에 대한 불안(랑크는 이것을 죽음의 불안이라고 부른다)과 새로운 것에 관심을 갖는 것에 대한 불안(랑크는 이것을 삶의 불안이라고 부른다)이 동반된다. 이러한 두 불안 상호 작용을 통해서 이미 괴테가 〈완성〉이라는 시에서 "죽어서 되어라"라고 묘사하는 하나의 역학 관계를 생성해내는 것이다. 이것이 삶이다.

모르는 것을 감행하는 시작 에너지를 동원하기 위해서는 먼저 알고 있는 것에 '안녕'이라고 말할 수 있어야 한다. 예를 들면 알고 있는 주변 환경과 이별하거나, 서서히 흔들리는 우정과 작별하거나, 또는 새로운 직업적 도전을 받아들이는 것이다.

이별 능력을 습득한다는 것은 갑자기 친숙한 것 모두를 던져버린다는 의미가 아니다! 이별 능력은 오히려 새로 시작하는 어려운 상황에서 쉽게 길을 찾게 해주는 능력이라 할 수 있다. 많은 사람들이 무엇인가를 끝낼 엄두를 내지 못한다. 성장 과정에서 가족이 인정한 것 외에는 아무것도 시도해볼 수 없었기 때문이다. 그래서 새로운 것은 모두 자신도 모르게 위협적인 것이 되어버린 것이다.

어린 시절, 이웃집 앵두나무에서 빨갛게 익은 앵두를 훔치거나 이성 친구와 처음으로 키스를 하는 등의 금지된 행위는 발각되는 즉시 벌을 받았다. 여러분 모두 비슷한 경험이 있을 것이다. 가끔은 친절한 이웃집 할머니나 아줌마, 용기를 주었던 선생님의 도움으로 금지된 세계로 나아갈 수 있었던 사람도 있다. 이들은 비록 금지된 행위를 저질러 발각되더라도 이런 호의적인 어른들의 뒷받침으로 심한 벌을 받지 않을 것이라고 믿을 수 있었다.[13]

---

13 스위스의 심리학자 알리스 밀러Alice Miller는 어린 시절의 이런 조력자들을 "알고 있는 증인들"이라고 불렀다. 이들은 아이의 주변에 있으면서 아이가 해가 되는 경험을 하더라도 건전하게 성장할 수 있도록 도와준다. Alice Miller, *Das verbannte Wissen*(Frankfurt a. M : Suhrkamp, 1988).

하지만, 금지된 것들을 알아가는 과정에서 이와 같은 조력자를 만나지 못한 아이들이 더 많다. 이런 사람들은 성인이 되어서도 익숙한 것만을 고집하게 될 가능성이 있다. 그럼으로써 새로운 것에 대한 불안을 억누르려고 하는 것이다.

많은 사람들이 한 번도 먹어보지 못한 새로운 음식에 경계심을 갖는다. "나는 아스파라거스를 못 먹어요." "날 생선을 먹다니!" 이런 선입견들은 예전에 부모님이 해주었던 식단에 대한 내적 충성심을 증명해주는 것이다. 또한 많은 사람들이 휴가 때마다 늘 같은 곳에 가는 등 자신들의 생활반경을 확장시킬 용기를 내지 못한다. 이렇게 어린 시절부터 자신을 구속했던 것들이 아직도 내적 장애물로 남아 있어서 의식적인 변화가 힘든 사람은, 성인이 되어서도 이러한 습관들로 인한 잘못된 태도가 나타날 수 있다.

여러분 또한 내적 장애물에 구속되어 있지는 않은지 스스로를 돌아볼 필요가 있다. 그리고 오래된 내적 금지사항들을 계속 따를 것인지, 아니면 즉각 이별할 것인지 결정해야 한다. 어쨌든 한 가지는 분명하다. 성인이 된 지금은 금지된 것을 한다고 해서 외출금지를 당하지도 않고 지하실에 가두는 사람도 없다!

예전의 경험들 때문이 아니라 이별하기와 놓아주기에 대한 연습이 부족했기 때문에 주저하고 있는 거라면, 새로운 것을 대할 때 생기는 두근거리고 떨리는 마음을 더욱 견디어내야 하며 자신속의 일시적인 불안감을 묵인하고 다른 사람들의 비난도 감수해야만 한다. 어린 시절과는 다르게 성인의 삶에서는 자신만의 용감한 결정에 박수를 치는 사람도 벌을 주는 사람도 많지 않다는 사실을 알아야 한다.

하지만 이것이 완전한 진리는 아니다. 물론 예전의 경험으로 인해 분리 장애와 분리 불안이 생겨날 수는 있다. 하지만 이러한 역사적 또는 정신적 유전은 분리 불안의 발생 요인의 하나일 뿐이다. 한마디로 말해서 여러분 스스로 불안을 만들어낼 수 있다는 말이다. 이별이 어떤 것인지, 어려움 없이 편안하게 이별할 수 있는 방법은 무엇인지 모르거나, 아니면 아무것도 포기하지 않고서도 이별할 수 있다고 믿기 때문이다. 이별을 계획할 때 나타날 수 있는 불안감이나 흥분은 지극히 정상적인 것이다. 이러한 감정들에 대한 가장 적절한 반응은 이것들을 차단하지 말고 일시적으로 익숙하지 않은 것으로 받아들이고 차별화시키는 것이다. 그러기 위해서는 이별을 단계별로 나눈 다음 차근차근 실행하는 것이 좋다.

| 시간 주기 | 이별 능력을 가지고 있는 사람은 이별해야 할 시점을 예감할 수 있다. 그래서 적당한 시기에 다양한 구속에서 풀려나 새로운 구속을 향해 갈 수 있다. 여기서 '적당한' 시기를 두는 것은 모든 분리에는 시간이 필요하기 때문이다.

앞선 구속의 강도와 기간에 따라 그 과정이 짧아질 수도 있고 길어질 수도 있다. 자녀들이 부모에게서 떨어져 독립하는 시간은 6년 이상이 될 수 있고, 연인 관계나 부부 관계는 함께 관계를 맺고 있었던 시간이 얼마나 길었는지, 그 관계가 얼마나 깊었는지에 따라 몇 달 또는 몇 년이 걸릴 수도 있다.

물론 가까운 사람을 잃어버린 슬픔을 극복하는 데는 많은 시간이 걸린다. 사람을 잃은 것을 슬퍼하는 것은 지극히 당연한 반응이다. 하지만 슬픔의 과정이 1년 이상 길어져서 일상생활에 지장을 줄 경우, 심리학에서는 이를 '복잡한 슬픔' 또는 '병적인 슬픔'이라고 말한다. 이로 인해 일상생활에 집중할 수 없는 사람은 상담을 받아보는 것이 좋다.

│자유로워지기│ 익숙했던 것과 단계적이고 의식적으로 선을 긋는 방법인 '자유로워지기' 또한 이별 능력의 하나다. 이는 능동적으로 할 수 있을 뿐만 아니라 수동적으로 일어날 수도 있다.

- 자유로워지기는 옛것에 대해서 '아니요'라고 말하는 의식적인 행동이다. 이 행동에는 감정이 수반되는데, 그것은 이별이나 포기 및 친숙했던 것을 잃어버릴 때의 고통이다.
- 자유로워지기는 행위를 함으로써 완성된다.

• 자유로워지기는 신체적으로 일어나는 일이기도 하다. 자유로워지기와 이별하기는 자신을 억제하는 것, 익숙한 것을 받아들이지 않는 것, 새로운 것에 호기심을 갖고 마음의 문을 여는 것 등과 관계가 있다.

능동적이고 의식적이며 철두철미하게 자유로워질수록 때가 왔을 때 더 쉽게 분리될 수 있다. 시적으로 표현해서 나비가 자신의 아름다움을 조용히 준비한 후에 고치를 떠나서 꽃밭으로 훨훨 날아가듯이, 자연스럽게 분리가 일어나는 것이 가장 이상적이다.

새로운 과정은 전前 과정이 끝난 후에야 비로소 완벽하게 전개될 수 있다. 이는 잘 알려진 발전의 법칙이다. 자유로워지기는 이전의 것이 종료될 수 있을 만큼 성숙해졌다는 자연스러운 발달의 결과이다. 신체 발달에서도 이 사실을 잘 알 수 있다. 신체가 특정 성장 단계로 진행될 수 있을 만큼 충분히 성숙해졌으면, 예를 들어 기어 다니던 아기가 앉게 되고 마침내 설 수 있게 되면, 걸음마를 시도할 수 있다. 그러나 부모의 무리한 욕심으로 너무 일찍 걸음마를 시도해서 불가피한 성장 단계를 뛰어넘어야 했던 아이들은 자신들조차 그 이유를 모른 채 평생 정신적인 불안감에 시달리기도 한다. 이 아이들은 어떤 일에 용기를 내지 못하거나 새로운 일을 할 때 알 수 없는 스트레스를 받게 된다. 충분히 준비하지 못한 상태로 어려운 일을 극복할 수 있을까 염려하기 때문이다.

그렇다면 이별 능력을 가진 사람은 어떤 사람일까?

- '아니요' 라고 확실하게 말할 수 있고, 선을 긋거나 자유로워질 수 있다. 또한 새로운 것에 '네' 라고도 말할 수 있다. 의미가 있거나 성공이 보장될 것처럼 보이면, 과감하게 그 일에 집중할 수 있다. 프로젝트의 계획에 참여하고 새로운 방법을 파악하려고 애쓰며, 직업적으로 모험을 감행한다. 검토해본 결과가 좋지 않거나 성공이 불투명해 보이면 과감하게 포기할 수도 있다.

- 이별할 때가 언제인지 알고 있다. 더 이상 발전할 수 없는 포화 상태일 때와 자신이 만족한 때를 알고, 그럴 경우 대개 그 상황을 끝낸다.

- 이별 능력을 가진 사람들의 가장 중요한 특성들 중에 하나는 자신이 알지 못하는 일에 호기심을 갖는 것이다. 그들은 새로운 일에 긍정적이다. 헤르만 헤세가 그의 유명한 시 〈단계Stufen〉에서 표현하듯이 말이다. "모든 시작에는 우리를 지켜주고 살아갈 수 있게 해주는 마력이 깃들어 있도다." 하지만 헤세는 같은 시에서 모든 시작에는 이별이 선행되어야만 한다고 말한다. "우리를 부르는 삶의 소리는 결코 멈추지 않으리. 자, 마음이여, 이별을 고하고 건강하여라!"

- 이별 능력을 가지고 있는 사람은 새로운 것을 시도할 때 불안감을 느낄지라도 '늘 같은 것이 최선' 이라는 원칙에 따라 행동하지

않는다. 이들은 불안감을 느낄지라도 휴가지에 변화를 주고 새로운 요리법을 시도해보며, 이직을 하거나 다른 도시로 이사를 간다. 하지만 이때 결코 경솔하게 진행하지 않는다.

• 이별 능력을 가진 사람은 자유로워지려고 애쓰기 전의 망설임과 미지의 곳으로 출발할 때의 불안을 잘 알고 있다. 하지만 이들은 이런 감정들을 내버려두지 않고 제어하려고 한다. 여러분은 이 삿짐을 싸고 안 쓰는 물건들을 버리고, 이사 일정을 계획하는 것이 얼마나 힘든 일인지 알고 있을 것이다. 하지만 새로운 것을 향한, 미래에 대한 비전을 통한 에너지는 이를 견딜 수 있도록 도와준다.

이러한 이별 능력을 가진 사람 중 대표적 인물의 예를 들어보겠다. 2006년 독일 월드컵에서 독일 국가대표팀을 3위에 올려놓은 위르겐 클린스만Jürgen Klinsmann 감독은 감독직에서 물러나면서 이렇게 말했다. "소진될 대로 소진되어 더 이상 힘이 없습니다. 이제 나를 기다리는 다른 것이 있습니다. 가족입니다." 팬들의 실망은 컸다. 하지만 그의 결심은 축구팬들의 원성을 사지 않고 존중되었다. 그의 결정은 유감스러웠지만, 사람들은 사실 그가 옳다는 것 또한 잘 알고 있었다. 국가대표팀 감독이라는 가시밭에서 4년 더 고생해서 2006년의 결과를 능가하지 못할 때 클린스만 개인이 얻을 수 있는 것이 무엇이겠는가.

클린스만처럼 이별 능력을 가진 사람이 되기 위해서, 여러분들은 다음의 여덟 가지 스텝을 살펴봐야 한다.

part 4   유쾌하게 헤어지기 위한 8가지 스텝

이별 능력을 배우고자 하는 '학생'이 명심해야 할 원칙이 있다. 이는 앞에서 예로 든 이야기와도 관련이 있다.

이별은 파멸을 의미하지 않는다.

이를 기본으로 다음의 8가지 스텝을 이용하면, 이별 능력을 배울 수 있을 것이다.

처음 세 스텝은 이별 계획의 초기에 이용될 수 있다.

스텝 1 : 자신의 상황 분석하기

스텝 2 : 결심하고 일정 정하기

스텝 3 : 이별 시나리오 기획

나머지 다섯 가지 스텝은 이별을 진행하는 과정에서 현실적 상황의 필요에 따라 적절히 이용할 수 있다.

스텝 4 : 조언 구하기

스텝 5 : 새로운 시작의 결과에 대한 조사

스텝 6 : 이별한 후 상상해보기

스텝 7 : 칭찬해주고 모범적인 전형 찾기

스텝 8 : 변화의 과정 속으로 자신을 놓아주기

스텝 1 : 자신의 상황 분석하기—이별은 나에게 어떤 의미가 있는가

비록 작은 이별일지라도 어떤 불안이 숨어 있을 수 있다는 사실을 분명히 알아야 한다. 이런 경우 불안은 이별에 제동을 거는 에너지가 된다. 여러분이 어떤 이별 전형을 좇아가고 있는지 다음 질문들로 알아보자.

- 이별을 할 경우, 사람이나 일과 떨어서서 당분간 혼자 있게 되는 것이 불안한 것인가, 아니면 새로운 것을 시작한다는 것이 불안한 것인가.
- 나 자신에게 만족하는가? 지금까지 내가 이루었거나 아직 이룰 수 있는 것이 많이 있는가?
- 어떤 일이나 습관과 결별할 때 마음이 가벼워졌는가. 예를 들어 책, 옷, 습관 또는 담배를 끊을 때 어땠는가. 그런 것들과 결별할 때 어떤 부분에서 상실의 느낌을 받았는지 자세히 묘사해보라.

이렇게 자기 자신을 분석할 때 마음속에 동요가 일어나는 것은 당연하다. 하지만 단것을 많이 먹는 습관과 이별하게 되면, 체중 감량에도 성공할 수 있으리라는 유혹이 여러분에게 생길 수도 있다. 그리고 그런 다음에는 여러분을 불안하게 만드는 습관까지도 사라질지 모른다. 늘 책상을 어지럽히는 습관을 버리면 무슨 일이 일어날 수 있을까? 잡동사니가 가득 쌓여 있는 책상은 여러분이 매우 할 일이 많은 중요한 사람이라는 사실을 보여주기 위함인가. 깨끗한 책상이 불안감을 준다면, 무엇 때문인가.

이와 비슷한 상황을 상상해보라.

이별의 첫 단계로서 계속 해오던 일(여기서는 책상에 잡동사니를 쌓아놓았던 것)을 중지해야 하는 것에 대한 불안이 그 속에 숨어 있는 것인지, 아니면 오히려 무엇인가 새로운 일(여기서는 책상을 깨끗이 치우는 것)을 시작해야 하는 것에 대한 불안이 그 속에 숨어 있는 것인지 여러분의 습관을 검토할 필요가 있다.

- 다른 사람들과 함께 하는 일에 대해서 얘기할 때, 자신의 바람을 말하기보다 '우리'의 바람이라고 말하는 편인가. 자신의 바람을 표현할 때 다른 사람이 동조할지 확인을 받는 편인가. 예를 들면 "영화 보러 가고 싶은데, 오늘 시간 있니?"라고 묻지 않고 "우리 오늘 영화 보러 가지 않을래?"라고 묻는 편인가?
- 여가 시간을 친구, 애인, 가족과 보내고 싶다고 생각하면서, 먼저

제안하지 않고 제안이 들어올 때까지 기다리는 편인가? 어떤 일에 대해 자신의 의견을 피력하기가 어려운가? 다른 사람들이 무슨 말을 할 때까지 기다리는가?

위에서 제시한 예들 중에서 여러분에게 해당되는 것이 있다면 다음을 살펴보라.

- 성장 과정에서 새로운 것과 자신만의 것을 시작하기 어려웠거나 심지어 제재를 받았던 적이 있었는지 생각해보라. 아니면 그럴 때 꺼림칙한 기분이 들거나 여러분의 새로운 행동에 대한 다른 사람들의 반응이 두려운가?
- 자신에게 이득이 되는 것과 해도 되는 일을 이제는 스스로 결정할 수 있다고 선언하라. 어쩌면 이 문제로 다른 사람들과 부딪혀야 할지도 모른다. 그리고 사람들이 여러분의 제안이나 결정에 동조해주지 않을지도 모른다.

| 스텝 2 : 결심하고 일정 정하기—무엇을 언제 그만둘 것인가 |
- 언제까지 그만두고 이별을 시도할지 확실한 시점을 정하라. 예를 들어 지하실을 청소하고 신문을 버리고, 직장을 떠날 준비를 하는 것 등이 얼마나 오래 걸릴지 현실적으로 판단하라. "편안한 마음으로 휴가를 떠날 수 있도록 여름휴가가 시작될 때까지 산더

미처럼 쌓인 서류들을 정리해놓겠다." "사직서를 낸 후 석 달 안에 취업을 하겠다." 이때 비현실적인 시간적 압박으로 시달리지 않도록 하라. 이럴 경우 대개 옛것에 집착하고 자기를 비난하는 결과가 나타나게 된다.

• 형식적인 새해의 결심을 포기하라. 많은 사람들이 새해가 시작되면 새로운 계획을 세우지만 대개 실패한다. "1월 1일부터 금연할 거야"라고 하지 말고, 자신의 생활과 시간 계획에 맞는 일정을 정하라. "휴가 첫날에 그만두고 그때까지는 마음속으로 준비할 거야. 처음 몇 주 동안은 힘들 거니까 주변에 도움을 요청해야지."

| 스텝 3 : 이별 시나리오 기획 |

• 일종의 모래상자 놀이치료[14]처럼 마음속으로 결별 시나리오를 기획하고 어떻게 할 것인지 계획을 세우라.

• 이것을 적어서 거울 같은 잘 보이는 곳에 붙여라. 단념하지 않고 계속 추진할 수 있도록 해줄 것이다. 예를 들어 '청구서 즉시 처리하기', '계속 그런 식으로', '매일 30분씩 운동하기' …….

• 책임을 지고 새로운 것을 시작할 수 있는 상황을 스스로 만들어

---

14 아동의 내면에 접근하기 위해 고안된 치료법. 상자 안에 있는 모래를 이용해 창의적인 활동을 하게 함으로써 아동이 심리적 안정을 느끼고 그 과정에서 나쁜 감정을 쏟아내게 한다. 이를 통해 아동은 자신감과 자아 존중감을 갖게 되고 치료할 수 있는 힘을 갖게 된다—옮긴이.

가라. 예를 들어 직업을 바꾸고 싶다면 직업 훈련을 받아라. 이사를 하고 싶다면 돌아다니면서 마음에 드는 곳을 찾아라. 무엇이 마음에 안 들었는지 그리고 무엇과 결별하고 싶은지 목표를 세우고 옛 집이나 옷장을 바꾸어라.

이런 단계들을 통해서 분리 불안을 줄여감으로써, 새로운 상황에 실망을 덜 할 수 있을 것이다. 책상을 치우는 일을 이미 시작했다면, 그리고 처음의 어려움을 겪은 뒤에 산더미처럼 쌓인 것들이 빠르게 줄어드는 것을 알게 되면, 다음 산을 넘을 수 있는 용기를 얻게 될 것이다. 하지만 스텝 2에서 말한 대로 시간을 현실적으로 계산하는 것을 잊지 마라!

스텝 4 : 조언 구하기―너는 어떻게 생각하니

주변 사람들과 자신의 '이별 프로젝트'에 대해서 이야기를 나누는 것은 큰 도움이 된다. 친구, 가족, 또는 '이별의 전문가들'은 자신들의 계획을 이미 어느 정도 성취해본 경험이 있는 사람들이다. 그럴 경우 마음의 결심만 남는 것이 아니라 "정말 오래된 자동차를 팔려고 했어?", "여전히 부모와 함께 사니?", "이사 나오려고 해?" 등과 같이 여러분이 다른 사람들에게서 받은 질문들을 현실로 만들 수 있게 될 것이다.

- 다른 사람들에게 여러분의 이별 계획을 말하게 되면, 몇 년 이상 모아왔던 것을 어떻게 버릴 수 있었는지, 어떻게 직장을 좋게 그만두었는지, 애인과 이별할 때 마음의 상처를 덜 받기 위해서는 어떻게 해야 하는지 등과 같은 실질적인 조언을 받을 수 있다.
- 주변 사람들에게 피드백을 요청해보자. 일정한 기간을 두고 이별하기, 풀기 또는 그만하기 등의 결과를 보고하는 것이다. 그리고 여러분의 이별 결심이 약해졌을 때, 그 사람이 당신을 환기시키고 격려해줄 수 있을 것이다.

| 스텝 5 : 새로운 시작의 결과에 대한 조사—이별하면 어떻게 될까 |

여러분이 사람, 습관, 직장 등과 같은 것과 이별하고 싶다면, 이별의 행동을 하기 전에 이러한 행동을 통해 여러분이 무엇을 기대하고 있는지 아는 것이 중요하다. 모든 이별에는 대가가 있다. 자신의 행위에 대한 긍정적이고 부정적인 결과를 모두 예상하고 사전에 평가를 해야 한다.

- 이것들을 어디에 버릴 것인가. 언제 어떻게 할 것인가. 직장에 사표를 내도 될 만큼 경제적인 능력을 가지고 있는가. 그럼으로써 더 행복해질 자신이 있는가. 이를 통해 긍정적으로 변화되는 것은 무엇일까?
- 새로운 일에 어떤 기대를 하는가. 그 일이 매력적인가. 담배를 끊

는다면, 동료들과 담배를 피우던 휴식 시간에 무엇을 할 수 있을까. 혹시 친구를 잃을까 불안하지는 않은가.

• 덜거덕거리는 장롱을 버리고 나면, 새 가구를 사거나 벽을 새로 칠해야 할지도 모른다. 관계를 끊는 것은 친구들이나 가족 중의 일부를 잃는 것과 관계가 있고, 여러분이 이들과의 관계 속에서 가지고 있었던 편안함과 특권들을 잃는 것과도 관계가 있다. 그럼에도 불구하고 포기하고 싶은가. 그 대신에 무엇을 하겠는가.

• 여러분에게 무슨 일이 닥칠지 생각하라. 그리고 적당하게 대처할 수 있도록 준비하라. 이것은 새로운 일에 대한 불안을 감소시켜주고 실패의 위험을 줄여줄 것이다.

• 구체적으로 말해서 새롭게 장만하기 위해서 저축하고, 교제 관계를 넓히고, 예전의 관계들을 되살려라.

| 스텝 6 : 이별한 후 상상해보기—만약에 |

이별할 때와 끊을 때 도움이 되는 중요한 도구 중의 하나는 상상력이다. 다양한 시나리오를 상상해봄으로써 이별 문제 또한 다양한 시각으로 관찰할 수 있기 때문이다.

• 10년 뒤에도 여전히 신문을 모으고 같은 직장에서 일하며 같은 습관을 가지고 있다면 어떨까. 그렇지 않고 그것들과 결별했다면 삶이 어떻게 변했을까.

- 책상 위에 계속 무엇인가가 쌓이는 모습을 상상하라. 그리고 그 것에 대해 써보아라. 공포물이나 범죄 소설처럼 서술해보라.
- 여러분의 이별 문제를 제삼자의 입장에서 바라보는 즐거움을 누려라. 여러분 자신이 그에 대해 뭐라고 말할지 생각해보라. 아니면 외계인이 무대 위에서 이별 문제로 옥신각신 싸우고 있는 여러분의 모습을 바라본다고 상상해보라. 그는 여러분에게 뭐라고 조언할까?
- 여러분이 80세가 되어서 손자들에게 이별 문제에 대해 이야기해 주는 모습을 상상할 수도 있다. 여러분은 아주 오래된 이 습관을 손자들에게 어떻게 이해시킬 수 있겠는가? 손자들은 이에 대해서 뭐라고 말하겠는가?

여러분은 더 많은 상상력을 가지고 있을 거라고 확신한다. 이와 같은 상상력을 동원해서 여러분의 계획을 마음속에서 한번 시험해볼 수 있을 것이다.

| 스텝 7 : 칭찬해주고 모범적인 전형 찾기—잘 해냈어 |
이별하기, 끊기, 새로 시작하기의 과정 중에는 다른 사람들의 도움과 더불어 계속 자기 자신에게 동기를 부여하고 작은 성공에도 자신을 격려하고 인정해주는 것이 필요하다.

- 매일 작은 이별들을 이룬 뒤에 자신을 칭찬하는 일을 잊지 마라. "오늘 벌써 서류철을 두 개나 정리했어. 훌륭하지 않니?"
- 긍정적인 문장을 골라서 반복하라. "모든 게 잘 될 거야." "나는 ~과 이별하는 것을 차근차근 해낼 거야." 또는 여러분이 자신에게 비장하게 동기를 부여하고 싶다면 "나는 이미 해냈어, 그러니까 다음 것도 해낼 거야"라고 말하는 것이다.
- 주위를 둘러보고 다른 사람들이 버리거나 끝내려고 한 일이나 상황, 또는 관계에서 어떻게 자유로워졌는지 관찰하라.

어쩌면 다른 사람의 행동방식이 일시적으로 여러분에게도 맞을 수 있다. 그 방법을 시험 삼아 따라해봄으로써 여러분에게 더 잘 맞는 자신만의 방법을 찾아낼지도 모른다. 앞의 이야기에서 제안되었던 것들도 이런 의미로 이해할 수 있다.

│ 스텝 8 : 변화의 과정 속으로 자신을 놓아주기─이제 시작하는 거야 │
이제 정말 시작해보는 일만 남았다.

- 다른 사람들이 이별하는 방법을 살펴보고 물어보는 것을 주저하지 마라. 그리고 여러분의 상황에 맞추어서 여러분의 모델을 변형시켜라.
- 그런 다음 시작하라! 이별 행위를 시작하라!

모든 것을 말했다. 많은 것을 생각하고 분석했다. 이제 변화의 과정 속으로 자신을 놓아주고 꼭 필요한 크고 작은 이별들을 정말로 실행하는 것만이 남았다. 아직도 주저하고 있다면 다음과 같이 자신에게 질문하라.

- 정말로 이렇게 많은 안전장치가 필요한가. 아니면 작은 위험을 감수해볼 수도 있는가.
- 이별은 항상 사전에 준비가 되어 있고 매번 완전하게 끝내야만 하는 것인가. 아니면 일단 먼저 시작하고 그 다음에 어떻게 될지 두고 보는 것도 괜찮지 않을까.

수영장의 다이빙대에서 처음으로 뛰어내렸던 것을 기억하는가? 사다리를 기어오르고 다이빙대의 끝까지 가서, 아래를 내려다보고 높이를 생각했을 것이다. 어쩌면 메스꺼운 느낌이 들어서 다시 한 번 뒤로 물러나서 다른 사람들이 뛰어내렸다가 수면 위로 올라오는 모습을 보았을 것이다. 그런 다음 결심을 하게 되었다. "이제 나도 뛰어내릴 거야!" 그런 과정을 통해 다이빙대에서 떨어질 수 있었다. 처음에는 어느 정도 불안감과 물에 부딪힐 때의 짧은 두려움이 있었지만 그런 다음에는 성공한 것에 대한 기쁨과 다시 해보고 싶은 마음이 들었다. 그 이후 언젠가부터 다이빙은 수영장에 갈 때마다 하게 되는 습관이 되었다. 어쩌면 그 사이에 여러분은 다른 습관에서도 벗어났을 수 있다.

《파우스트》에는 다음과 같은 구절이 있다.

"이만하면 말은 충분하네. 이제 그만 행동을 보여주게나."[15]

---

15 J. W. von Goethe, *Faust, Der Tragödie erster Teil*, 214행 이하.

part 5 이제 이별해야 할 때

이별 또는 환경의 변화가 임박해 있다는 사실을 어떻게 알 수 있을까?

임박해 있는 변화 또는 이별의 첫 번째 징후들

- 특정 상황이나 행위 또는 사람이 평범하지 않을 정도로 나태해 보일 때.

- 특정 상황이나 특정 주제 또는 사람과의 관계에 있어서 평범하지 않을 정도로 집중력이 없을 때.

- 특정 상황이나 인물 또는 특정 주제를 다룰 때 쉽게 흥분할 때.

- 익숙한 환경에서보다 다른 곳에서 더 편안함을 느낄 때.

- 원래는 의도하지 않았는데 다른 것에 비해서 특정 상황이나 인물을 이상화했다는 것을 나중에 알게 되었을 때.

임박해 있는 변화 또는 이별의 징후와 신호들

• 자신의 처지가 반복적이고 지속적으로 불만족스러울 때.

• 패배감, 의욕부진, 우울증 등이 점차 증가할 때.

• 권태와 의기소침함의 징후가 있을 때. "그게 전부였어?" "내가
  왜 그것을 해야 되는데?"

• 현재 상황에 권태로움을 느끼는 동시에 미래에 대해 알 수 없는
  불안감을 느낄 때.

• 변화가 '위협하고' 있다는 것을 느끼지만 그것을 아직 인정하고
  싶지 않을 때.

• 눈에 띌 정도로 다른 환경에서 활력을 느끼고, 익숙한 환경으로
  돌아가고 싶지 않은 마음이 들 때.

• 특정 상황이나 사람들과 관련해서 특별한 이유 없이 갑자기 복통
  이나 위통과 같은 알 수 없는 신체적 괴로움이 있을 때.

• 특정 상황이나 특정 사람들과 만나고, 함께 살고, 함께 일하는 가
  운데서 지속적인 두통을 느낄 때.

• 특정 습관과 관련해서 여러분이 잘 아는 친구들이나 사람들이 반
  복적으로 그 습관을 언급하거나 바꾸라고 충고할 때

• "나는 정말로 그렇게 생각하지 않아"와 같이 다소 여운을 가지고
  '익숙한 것에 집착'하고 이상화시킬 때.

권태나 싫증, 그리고 심신 상관적인 고통이나 두통만이 임박

해 있는 변화 또는 이별의 징후라고 볼 수는 없다. 하지만 이러한 기분들이 어떤 상황이나 어떤 사람과 연관되어 있다는 것만은 분명하다. 결국 이러한 기분들이 임박해 있는 변화 또는 이별과 관계가 있는지 해명할 수 있는 사람은 당사자인 자신뿐이다.

여기서 그 징후나 전조들을 일일이 열거한 것은 여러분이 그러한 기분과 특정인 사이의 연관성을 깨닫고 주의 깊게 살펴볼 수 있도록 하기 위해서다. 신호는 우리가 스스로 깨닫고 조정할 수 있도록 도와주는 보조수단이다. 그것들을 이용할지 여부를 결정하는 것은 우리 자신이다. 이 신호들을 이용하는 가장 좋은 방법은 여러분이 먼저 그 신호들을 깨닫고 계속 관찰하며, 대안을 생각해내고, 다음 행동을 수행하는 데 필요한 도움이 어떤 것인지 묻는 것이다.

나오는 말

무엇인가를 끝내는 가장 간단하면서도 확실한 방법은 마침표
를 찍는 것이다.

•

감사의 말

책은 혼자 쓸 수 없다.

이 책이 나오기까지 많은 도움을 주신 분들에게 감사를 드린다. 크고 작은 이별의 체험들을 기꺼이 이야기해준 친구들, 이별에 대해 많은 것을 경험하게 해주고 상담 치료가 끝날 때 나에게도 이별 체험을 할 수 있게 해준 클라이언트들, 그리고 이 주제에 대해서 나와 함께 이야기하고 경험을 말해준 모든 분들에게 고마움을 전한다.

이 책은 이별하고 새로 시작할 때의 다양한 체험들을 모자이크처럼 만들어낸 것이다. 물론 이 책에 나오는 인물들은 실제로 존재하는 인물들이 아니다. 하지만 여러분은 이 책에 나오는 인물들과 같거나 비슷한 경험을 한 적이 있을 것이다. 그렇기 때문에 이 책의 이야기들을 여러분 자신을 위해서도 활용할 수 있을 것이다.

이 책을 구상할 때 동료인 베르벨 봐르뎃츠키 박사가 많은 도움을 주었다. 그녀는 중요한 질문을 제기함으로써, 내 생각이 행동으로 옮겨질 수 있도록 해주었다. 꼼꼼하고 비판적으로 원고를 읽어준 알렉시아 브라이텐바흐와 롤프 카우펠트 박사에게도 감사의 마음을 전한다. 영감을 주는 아이디어와 질문 그리고 재치 있는 유머로 작업 과정의 처음부터 끝까지 동행해주었으며 엑스레이 같은 안목으로 책을 읽어준 우르줄라 예거 박사에게도 감사를 전한다. 이 책을 위해 보이지 않게 도와준 나의 슈퍼바이저 두 사람에게도 감사한다. 토마스 하르퉁 박사의 도움으로 나는 다시 한 번 애착 이론에 대해 정리하게 되었고, 그의 애정 넘치고 명쾌한 안목은 큰 도움이 되었다. 글을 쓰는 과정에서 암초에 부딪힐 때마다 세심하게 인도해준 마르티나 틸츠-슈테에게도 감사한다.

일상생활의 심리학에 관심을 갖고 연구할 수 있게 해주신 스승, 에바 예기 교수께도 진심으로 감사를 드린다. 워싱턴의 제임스 리버먼은 오토 랑크의 저서, 특히 인간의 의지 형성 과정에서의 분리의 의미에 대한 랑크의 이론을 접할 수 있게 해주었다. 진심으로 고마움을 전한다.

젊은 세대의 생활방식과 감정에 대해서 PN과 나눈 흥미로운 대화들은 그녀와 같은 젊은 세대를 이해하는 데 큰 도움이 되었다. 원고의 많은 오류에도 불구하고 한없는 인내심과 이해심을 갖고 나와 동행해준 베티나 아더스에게도 진심으로 고마움을 전한다.

이른 아침 남아프리카공화국에 있는 프리트요프와 지그리트의 테라스에서 드넓은 바다를 바라보았던 시간은 이 책을 집필할 수 있는 에너지를 제공해주었다. 친구들아, 정말 고마웠어!

하지만 누구보다도 남편 베르트람 뮐러에게 고마움을 전한다.

당신이 없었더라면, 그리고 지난 몇 년 동안 우리가 함께 했던 이별 능력에 대한 심도 있는 토론이 없었더라면 이 책을 쓸 수 없었을 거예요. 당신의 격려와 자극, 그리고 책을 쓰는 동안 매번 따뜻한 스프를 책상까지 가져다준 것에 진심으로 고마움을 전해요.

요하나 뮐러-에베르트

이별 능력

✳ 유쾌하게 헤어지는 22가지 방법

초판 1쇄 펴낸날 ㅣ 2009년 5월 15일
초판 2쇄 펴낸날 ㅣ 2009년 7월 10일

지은이 ㅣ 요하나 뮐러-에베르트
옮긴이 ㅣ 송휘재
펴낸이 ㅣ 김직승
펴낸곳 ㅣ 책세상

주소 ㅣ 서울시 마포구 신수동 68-7 대영빌딩
전화 ㅣ 영업부 704-1251 편집부 3273-1334
팩스 ㅣ 719-1258
이메일 ㅣ bkworld@bkworld.co.kr
등록 1975. 5. 21 제1-517호

ISBN 978-89-7013-720-9 03180